MARIA KNEBEL

COLEÇÃO PERSPECTIVAS
dirigida por J. Guinsburg

Supervisão editorial: J. Guinsburg

Tradução: J. Guinsburg e Gita K. Guinsburg
Preparação de texto: Lilian Avrichir
Revisão: Marcio Honorio de Godoy
Capa e projeto gráfico: Sergio Kon
Coordenação de texto: Luiz Henrique Soares e Elen Durando
Produção: Ricardo W. Neves, Sergio Kon e Lia N. Marques

Gérard Abensour

||||||||||||||||||||||||||||||||||||||||||||||||||||||||||||||||||||||||||||||||

MARIA KNEBEL

UMA VIDA PARA O TEATRO
NO TEMPO DE STANISLÁVSKI
E STÁLIN

Título do original em francês
Maria Knebel, une vie pour le théâtre au temps de Stanislavski et de Staline
Copyright © Gérard Abensour/ Une vie pour le Théâtre au Temps de Stanislavski et de Staline, 2016

CIP-Brasil. Catalogação na Publicação
Sindicato Nacional dos Editores de Livros, RJ

A124m
    Abensour, Gérard
      Maria Knebel : uma vida para o teatro no tempo de Stanislávski e
Stálin / Gérard Abensour ; [tradução Jacó Guinsburg]. - 1. ed. - São Paulo :
Perspectiva, 2018.
      176 p. ; 23 cm. (Perspectivas)

      Tradução de: Maria Knebel : une vie pour le théâtre au temps de
Stanislavski et Staline
    ISBN 978-85-273-1142-7

      1. Knebel, M. (Maria), 1898-1985. 2. Diretores e produtores de teatro
- Rússia - Biografia. 1. Guinsburg, Jacó. 11. Título. 111. Série.

18-53426
                                      CDD: 927.920233
                                      CDU: 929:792.071.2.027

Meri Gleice Rodrigues de Souza - Bibliotecária CRB-7/6439
25/10/2018   30/10/2018

1ª edição

Direitos reservados em língua portuguesa à

EDITORA PERSPECTIVA LTDA.

Av. Brigadeiro Luís Antônio, 3025
01401-000 São Paulo SP Brasil
Telefax: (11) 3885-8388
www.editoraperspectiva.com.br

2019

Agradecimentos

A Natalia Zvereva, Nathalie Conio, Viatscheslav Netschaiev,
Adolf Schapiro, Anatoli Vassiliev, Eraldo Rizzo, Pierre Hoden.

SUMÁRIO

11   Apresentação

I.
A VIDA DE MARIA KNEBEL

15   Juventude, Família (1898-1917), Esposa Bóris Goltsev
19   Renunciar?
21   Um Amor de Juventude: Maria e Bóris
22   Joseph Knöbel É Atingido Pela Desgraça
24   Mikhail Tchékhov e Seu Curso de Arte Dramática (1918-1923)
28   O Estúdio: Uma Enseada de Paz
30   Mikhail Tchékhov, o Comediante
33   A Escola de Arte Dramática do Segundo Estúdio
35   Da Escola ao Teatro do Segundo Estúdio: Naum Fried (1924-1932)
37   O Teatro Artístico de Moscou: Uma Segunda Juventude
41   Dois Teatros Artísticos em Moscou
45   A Bolchevização do Teatro Artístico de Moscou
46   Maria Knebel e o Teatro Artístico
48   O Teatro da Revolução: Pavel Urbanovitch

51	Do Estúdio Ermolova ao Teatro Ermolova
56	A Turnê a Paris do Teatro Artístico em 1937
58	"Bóris Godunov" Subversivo
60	A Acolhida de Paris
62	Uma Exigência de Nemiróvitch
63	Alexei Popov, do Teatro da Revolução...
66	... ao Teatro do Exército Vermelho, Depois Soviético
69	História de um Parto
70	Um Jovem Velho, Stanislávski
72	No Teatro Artístico: "Ivã, o Terrível", de Alexei Tolstói
78	No Teatro Maiakóvski (Maria Babanova)
82	O Destino de Pavel Urbanovitch
85	Maria Knebel, Professora no Conservatório
87	O Teatro Artístico de Moscou às Ordens: Mikhail Kedrov (1948)
88	Maria Knebel É Expulsa de Seu Teatro
93	A Casa da Cultura dos Ferroviários
95	A Rede de Teatros Para a Juventude
99	O Ateliê Experimental dos Teatros Para a Juventude
101	Natália Satz e o Teatro Para a Juventude
103	Dublin 1968: "O Jardim das Cerejeiras" no Abbey Theater
108	A Memória Ressuscitada
114	O Adeus
116	Mikhail Tchékhov Recuperado

II.
LIÇÕES DE TEATRO

122   MIKHAIL TCHÉKHOV

     122   Improvisação e Pantomima

     125   O Estúdio Tchékhov

     128   Posta à Prova

130   CONSTANTIN STANISLÁVSKI

     130   Como Gerir o Inconsciente? (Uma Cena de "Hamlet")

     132   O Guia

     133   O Pai

     134   Não ao Teatro da "Representação"

     136   A Linha das Ações Físicas

138   VLADIMIR NEMIRÓVITCH-DÂNTCHENKO

     138   A "Mise-en-Scène": Uma Visão Global

     141   "O Carrilhão do Kremlin"

144   MARIA KNEBEL

     144   A Professora

     152   "Deistvenni Analiz" (A Análise Dinâmica)

     154   "O Festim no Tempo da Peste", de Aleksandr Púschkin

     163   Um "Jardim das Cerejeiras" Irlandês

167   Documentos Audiovisuais Utilizados

169   Os Trabalhos e os Dias de Maria Knebel (1898-1985)

APRESENTAÇÃO

Quem é Maria Knebel e no que sua vida pode nos interessar? Apaixonada pelo teatro, essa comediante, nascida em Moscou em 1898, teve um percurso revelador: seu pai (Joseph Knöbel), que era uma referência reconhecida por suas edições de arte, se vê arruinado pela revolução bolchevique. É nesse momento que ela se inicia na arte dramática no curso do ator Mikhail Tchékhov. A sorte lhe sorri: ela entra com 22 anos na trupe do Teatro Artístico de Moscou. Stanislávski a tornará uma de suas assistentes no ateliê que ele criará pouco antes do fim de sua vida. Ela morre em 1985, quando a *perestroika* apontava seu nariz.

Comediante, depois encenadora, ela se revela completamente como docente no Conservatório de Arte Dramática de Moscou (em russo, Gitis, Gassudarstvenni Institut Teatralnogo Iskusstva). Ela forma aí uma plêiade de comediantes e encenadores que se tornaram célebres, notadamente Anatoli Vassiliev que, como se sabe, é regularmente convidado pela Comédie-Française. Para prestar homenagem à sua memória, ele realizou a publicação, em 2006, nas Actes-Sud, de uma tradução de escritos de Maria Knöbel consagrados à arte do comediante.

É graças à sua autobiografia publicada na Rússia e à consulta de seus arquivos que pude empreender o relato de sua vida em Moscou na época de Stálin. Ao lado de retratos em ação de seus mestres sucessivos (M. Tchékhov, C. Stanislávski e Nemiróvitch-Dântchenko), que descreve com finura e humor, ela mostra como esse meio resistiu, na medida do possível, à pressão ideológica que se fazia cada vez mais pesada. Ela será terrivelmente afetada por sua expulsão do Teatro Artístico por ocasião da campanha "anticosmopolita" de 1949.

Permanecendo fiel ao ensinamento teatral de Mikhail Tchékhov, ela conseguiu, *in extremis*, vencer o ostracismo de que ele havia sido objeto em sua pátria após sua partida para o exterior em 1928. É por iniciativa dela que foram publicados os principais escritos desse praticante da arte teatral reconhecido no mundo inteiro e especialmente nos Estados Unidos. Através da personalidade de Maria Knöbel, desenha-se a paisagem da vida artística na época soviética. Ela se esforçará constantemente para privilegiar os valores humanistas rejeitados pelos ideólogos no poder. Sua maneira de abordar obras como *O Jardim das Cerejeiras* de Anton Tchékhov ou *O Festim no Tempo da Peste* de Púschkin abre perspectivas penetrantes e sempre de atualidade.

Vida teatral e vida cotidiana formam um quadro contrastante de uma época conturbada, mas rica em realizações artísticas. Se esta obra pode interessar em primeiro lugar à comunidade teatral, o grande público cultivado deveria ser seduzido por essa personagem apaixonada que nos toca por sua profunda humanidade.

GÉRARD ABENSOUR
18 jul. 2016

PARTE UM:

A VIDA DE MARIA KNEBEL

Maria Knöbel, estudante de arte dramática (cerca de 1924).

Juventude, Família (1898-1917), Esposa Bóris Goltsev

Moscou sacode seu casacão hibernal. A primavera se impõe em alguns dias e as árvores dos bulevares se cobrem de um manto denteado de folhas de um verde tenro. Nesse dia de maio de 1895, 23 para ser preciso, soam os sinos da igreja luterana de São Pedro e São Paulo, onde se comprime uma multidão endomingada. Celebra-se aí o casamento de Sophia Brenner e Joseph Knöbel. Convites para a recepção foram enviados pelos pais da noiva a todos os amigos da família. Os convidados, em sua maioria, se dirigem uns aos outros em alemão, regalando-se ao mesmo tempo com canapés brilhantes de caviar de Astracã, esturjões em geleia, coxinhas de frango assado, porções de queijo branco perfumado ao endro...

Os Brenner possuem um dos maiores magazines de tecidos da capital. Quando sua filha Sofia falou de casamento, ela se chocou com as reticências de seus pais. Knöbel, por certo, era um belo partido, estava à testa de uma casa de edições florescente, mas era quase vinte anos mais velho do que ela. Ela admirava e amava esse homem enérgico. Ela esperava, graças aos acessos que ele tinha ao mundo literário e artístico da capital, sair do mundo de comerciantes em que sufocava. Mas seus pais, judeus assimilados e convertidos à religião luterana, não viam com bons olhos esse homem oriundo de uma família judia da Galícia. Ele nascera numa cidadezinha, Buczacz, sobre o rio Stripa, situada nessa província austro-húngara que desde sempre russos, poloneses e ucranianos disputavam. Joseph viera para a Rússia após estudos na Academia Comercial de Viena. Por força de trabalho conquistou nome no domínio da edição. Para satisfazer as exigências de seus futuros sogros, não hesitou em efetuar especialmente a viagem à capital do Império Austro-Húngaro, do qual continuava súdito. Regressou com um certificado de batismo na confissão luterana. Seu nome foi russificado para Ossip Nikolaievitch Knebel* (Кнебель). Mas nem assim isso o tornava um súdito do Império Russo. A família Knöbel faria a amarga experiência disso em agosto de 1914.

---

* Mantivemos nos títulos dos capítulos a grafia do nome internacionalmente consagrada, e ao longo do texto, a pedido do autor, a grafia correta do nome de família, Knöbel. (N. do E.)

O conflito entre a Rússia e os impérios centrais foi desencadeado quando ela passava tranquilamente suas férias na Floresta Negra. Como retornar a Moscou quando eles eram considerados súditos do Império Austro-Húngaro? Foram três meses de espera em Berlim a fim de obter do consulado da Rússia os salvo-condutos que permitiram aos Knöbel chegar a Petrogrado por mar. Como se verá mais tarde, isso não impediu os nacionalistas russos de considerá-lo como um alemão, isto é, como um inimigo.

Elena, a primogênita, nascera em 1886, seguida de Maria, em 1898, e de Nicolau, em 1900. É Maria que será a heroína do presente relato. Sua vocação teatral há de ser precoce e se afirmará apesar das dificuldades. A família se instalou no centro de Moscou, na Petrovskie Linii (Passagem Petrovka), rua transversal inteiramente constituída de imóveis de quatro andares, construídos segundo as normas europeias. Uma espécie de enclave petersburguês em Moscou. Chegava-se ao apartamento burguês, situado no primeiro andar, por uma escada luxuosa, com degraus recobertos por um tapete feltrado. Uma ama-de-leite e uma criada doméstica completavam o lar.

As edições J. Knebel estavam instaladas em uma loja adjacente ao apartamento. Situado no térreo, o magazine comportava um compartimento de fundo no primeiro andar. Era lá que se encontravam o escritório do editor e um galpão onde ele depositava seu material e seus tesouros, notadamente uma bela coleção de quadros oferecidos por seus amigos pintores. O público culto havia sido conquistado pela qualidade de suas reproduções em cores que ele devia aos pigmentos importados da Alemanha. Ele sabia, aliás, cercar-se do que havia de melhor nas artes gráficas: ao lado de artistas de vanguarda, como Dobujinski ou Narbut, ele confiara ao grande historiador da pintura, Igor Grabar, o cuidado de dirigir edições de luxo em vários volumes, tais como a *História da Arte Russa* ou os *Quadros dos Pintores Contemporâneos*.

A casa estava aberta aos grandes artistas da época, Sérov, Lévitan, Benois ou Roerich. Para a *História da Arte Russa*, que concede um grande lugar aos monumentos da Rússia antiga, ele trouxera de suas incursões ao norte da Rússia um número considerável de clichês de igrejas e de mosteiros da maior beleza. Ele podia sempre contar com seu acervo composto de guias turísticos muito apreciados por uma classe média louca por viagens.

A atmosfera familial era rica em impressões artísticas: Sofia tocava piano, enquanto o salão dos Knöbel era um lugar de encontro estimado por artistas e escritores. Maria lembrava-se de um episódio cuja significação ela não compreendeu senão bem mais tarde. Ela tinha seis ou sete anos. Um velho de longa barba branca a toma sobre seus joelhos e lhe cochicha no ouvido um conto de sua composição. Nada intimidada, Maria declara-lhe que acha o conto enfadonho e que ela conhece outros mais apaixonantes. Os pais se agitam em seus assentos e lhe fazem sinal para calar-se, mas o velho está encantado. Esse velho não é outro senão Lev Tolstói!

Eis aí Maria adolescente. Como toda aluna de liceu, ela está algo ridícula em um vestido cor de bistre plissado, cingido por um avental branco. Esse símbolo de pureza não impede de se distinguir as curvas de um peito juvenil. Imagino Maria orgulhosa de seus atributos femininos e saboreando a impressão que causava nos rapazes com os quais cruzava no caminho. Ela havia prometido de há muito seu coração a Bóris. Quem era Bóris?

No mesmo prédio vivia com sua família Victor Goltsev, um dos redatores de *O Pensamento Russo*, uma dessas alentadas revistas de que a Rússia se orgulhava. Ele morreu infelizmente muito jovem, deixando uma viúva com três filhos. Eles encontraram na casa dos Knöbel uma segunda família. Toda a sociedade da época tinha paixão pelos espetáculos de amadores. Tanto na corte como nos solares de província e nos salões burgueses, não se passavam festas ou aniversários sem representações teatrais, charadas ou bailes de máscara. Bóris, o primogênito dos Goltsev, torna-se o animador infatigável dos jogos teatrais da juventude.

Todos os domingos, eles se encontravam no camarote reservado do Teatro Korsch, um dos melhores teatros privados de Moscou. Nas matinês de domingo, davam-se aí espetáculos para a mocidade. Acompanhados por seus pais, os seis jovens se embebedavam de teatro. De volta para casa, prolongavam o encantamento em que tinham mergulhado, divertindo-se em representar entre eles as cenas que os haviam impressionado mais.

Bóris tinha o fogo de um jovem potro e arrastava as outras adolescentes a segui-lo nesse mundo imaginário. Como poderia ela, jovem garota, não ficar apaixonada? Era um rapaz cheio de vivacidade, inventivo e que seduzia todo mundo com sua alegria.

Em plena adolescência, esses jogos não podiam mais ser inteiramente inocentes. A proximidade dos corpos, a penumbra dos bastidores improvisados, as trocas de vestimentas, tudo favorecia as aproximações, os toques, o prazer do desconhecido. A sedução da juventude exercia seu império. Os dois jovens descobriam que se compraziam.

Como ele era belo com seu uniforme de estudante! Maria era louca por seu olhar azul-malva. Ela se derretia como se o paraíso se abrisse diante dela.

Vista da Passagem Petrovka (cerca de 1914).

A VIDA DE MARIA KNEBEL

Ela amava seu rosto corado, seus dentes de uma alvura fulgurante. Quando se é, como Maria, de pequeno talhe, procura-se a proteção de alguém maior.

O grande ator Iujin, uma das glórias do Teatro Mali, acolhia muitas vezes essa juventude para aí representar perante um público de amigos. Um dia, quando Maria estava se trocando, Bóris entrou no camarim improvisado onde reinava a penumbra. Com estranha desenvoltura, ele a olha direto nos olhos e dá-lhe desajeitadamente um beijo no alto do peito. Foi uma mistura de surpresa, de confusão e de um estranho sentimento de enternecimento. Ele lhe acaricia a face antes de tomar-lhe de repente a boca entre seus lábios. Ela freme sob o efeito desse prazer desconhecido. Como muitas jovens inocentes, estava ávida por descobrir uma realidade de cuja existência apenas suspeitava vagamente. Continuação natural dessa amizade que os ligava desde a infância, eles decidiram casar-se. Os pais não podiam sonhar com nada melhor.

Era o primeiro ano da guerra, mas isso não impedia nem os jogos nem os risos. Toda a Rússia estava mergulhada em uma deliciosa inconsciência. Em sua qualidade de estudante, Bóris se beneficiava de um adiamento de incorporação. Para aceder aos seus desejos, o casamento se deu segundo o rito ortodoxo. Como não ficar impressionado com o rito solene que conferia a realeza aos nubentes pela imposição de uma coroa sobre suas cabeças? O casal se instala provisoriamente no apartamento dos Goltsev.

A felicidade deles devia ser de curta duração. Bóris teve que apresentar-se e partir para o front, e Maria se concentrou em seus estudos. Ela se inscreveu em Matemática nos Cursos Especiais reservados às jovens, numa época em que a universidade lhes estava fechada. Ela sonhava sempre com o teatro, mas, como se verá, seu sonho foi fortemente contrariado.

Renunciar?

O desejo de representar a azucrinava. Um dia ela se abriu com seu pai que tanto adorava e de cuja aprovação à sua escolha estava segura. Com sua barbicha grisalha, ele tinha alguma coisa de um sábio da Antiguidade. Ela confiava na certeza de seu julgamento.

Jamais ela terá conhecido maior decepção. Sem proferir uma só palavra, ele a conduziu até o grande armário do quarto de dormir. As silhuetas de ambos se refletem no espelho. Pela primeira vez Maria se dá conta de que eles não são grandes, os dois têm quase a mesma estatura.

"Olha-te", diz ele, "olha-te bem. Você tem um olhar cintilante e malicioso. Teu rosto atrai simpatia, concordo com isso, mas será que isso basta para captar o público? Em vista de teu talhe, jamais você poderá ser uma estrela! Por que querer subir no palco se é para aí vegetar? Creia-me, você é feita para uma outra vida, longe das lantejoulas, longe da cena."

Dando-se conta da confusão em que deixara sua filha, ele lhe segura as mãos: "Maria, pode crer, você jamais será comediante, não é a via que te convém. Você vale mais do que isso. E depois, como você quer subir no palco com sua timidez doentia? Não, pode crer, tudo isso não é senão um sonho sem consistência. Você ainda me agradecerá um dia por tê-la desviado de uma ocupação superficial e adulterada."

Maria engoliu suas lágrimas. Era como se um tornado houvesse se abatido sobre ela. A amarga verdade lhe aparecia de súbito, sua vida não tinha mais sentido. No entanto, alguma coisa lhe dizia que seu pai estava enganado. Ele alimentava uma ideia falsa do teatro: as atrizes teúdas e manteúdas, os atores beberrões, a preguiça e a miséria ou, ao contrário, os ganhos fáceis. Ele não tinha nenhuma ideia dos profundos movimentos que se haviam produzido desde o início do século: o teatro se alçava à categoria das outras artes, rivalizava com a literatura, a pintura e a música. O novo teatro recusava o culto à estrela. Havia aí lugar para todo mundo, para os pequenos como para os grandes, para os belos como para os menos belos. O que contava era unicamente o talento.

Ela aceitou de mau grado o veredicto de seu pai. Ela secou suas lágrimas dizendo-se que o semblante que lhe devolvia o espelho era um trunfo não desprezível! Ele possuía algo de insinuante, traduzia um grande apetite de viver. Por certo, ela não era alta, seu rosto era um pouco redondo demais, mas tinha uma fronte lisa e seu peito era bem formado. Seu nariz era reto, não traía suas origens judaicas. Estava claro, ela não faria teatro. Mas suas esperanças renasciam e, levada pelas perturbações da ordem vigente e transformações da sociedade, ela conseguiu, como iremos ver, libertar-se da tutela familial.

Um Amor de Juventude: Maria e Bóris

A situação no front tornava-se catastrófica, o que não impedia a Rússia de crer ainda na vitória. Ao lado de seus aliados, ela estava persuadida de que travava o combate da civilização contra a barbárie. Mas Bóris estava longe e arriscava sua vida. Por isso, assim como seus camaradas, Maria foi sensível às sereias do pacifismo. Como não dar crédito ao Partido Social-Democrata cujo chefe, Lênin, exigia a cessação imediata dos combates e uma paz "sem anexações nem sanções"? O poder tsarista estava fortemente abalado. Muitos se rejubilavam abertamente com o assassinato de Rasputin a quem se exprobava seu ascendente sobre o soberano. Mas o sobressalto esperado não se produziu.

Bóris teve direito a uma licença. O prazer de revê-lo era aguçado pela ausência. Maria se aninhava em seus braços. Eles passaram esses poucos dias de descanso na despreocupação dos amores reencontrados. Esses dias arrancados à guerra tinham um sabor delicioso. Faziam longos passeios nessa cidade da qual conheciam os menores recantos. Passando diante das cúpulas douradas do Convento da Paixão, caminhavam de mãos dadas pelo Bulevar Tverskoi, que desenrola sua fita de arbustos ao longo das áleas cinturadas de ferro forjado.

Muito ocupados com eles mesmos, não tinham olhar sequer para as belas fachadas de estilo barroco entre as quais deslizava essa alameda de verdor em que passeavam enlaçados.

Inundados de doce calor, radiavam uma intensa alegria interior. Ao cair da noite, sentavam-se em um dos bancos confortáveis que acolhiam os enamorados ao longo da álea. A neve tombava docemente, eles se aconchegavam um no outro, sem sentir o frio. Nada os pressionava, não haviam inventado ainda o toque de recolher, e o tempo escoava pontuado pelos beijos apaixonados. Um porvir promissor se lhes oferecia. À luz filtrada dos revérberos, as ternas palavras davam lugar às vezes aos beijos. Eles se sentiam protegidos do exterior pelas grades de ferro forjado que ladeavam a alameda coberta de neve.

A licença terminou depressa demais e daí por diante veio a angústia da espera. Todos os sentimentos de Maria estavam voltados para aquele que era agora seu marido e, no entanto, ela se dava conta de que não sabia exatamente o que esperava dele. Alguma coisa lhe fazia entrever uma falha no amor deles. A verdadeira paixão, a da alma e a dos sentidos, ela não devia conhecê-la senão pouco depois. Mas Bóris continuava sendo o seu primeiro amor, seu amor de juventude. Bom ou mau, é dele que a gente guarda o traço no fundo de si mesmo.

Joseph Knöbel É Atingido Pela Desgraça

As perturbações e transformações ligadas à guerra e à Revolução foram fatais para as edições J. Knebel. Em maio de 1915, Moscou é teatro de motins antialemães. Em nome de um patriotismo transviado, o populacho ataca tudo o que portava um nome alemão. Quantos rumores circulavam sobre a onipresença de agente inimigos! A própria imperatriz é suspeita de conivência com o *kaiser*!

A irrupção da barbárie foi a primeira manifestação desse flagelo que ia logo se abater sobre toda a Europa. Joseph Knöbel jamais se reporia desse choque que anunciava o fim da civilização.

A família Knöbel alugava para os dias de verão uma *datcha* nos arredores de Moscou. Como de hábito, Joseph toma o trem de subúrbio para dirigir-se ao seu trabalho. Na estação sobe em um fiacre. As ruas estão particularmente calmas. À medida que a viatura avança, um ronco se faz ouvir, um ruído que se infla pouco a pouco, algo como vociferações longínquas. O cocheiro hesita, diminui a marcha. Em uma esquina, a viatura desemboca numa maré humana. Os arruaceiros se amontoavam diante do magazine do célebre fabricante de instrumentos musicais Zimmerman. A viatura se detém e um espetáculo de desolação se oferece aos olhos de Joseph Knöbel. Das janelas do primeiro andar, indivíduos balançam sobre as calçadas violinos, violoncelos e pianos que são em seguida espatifados, despedaçados, desmontados. A raiva de destruir torna-se uma segunda natureza. Um moleque se esforça em tirar alguns sons de um saxofone que ele apanhou sobre a calçada. Fazem pagar a Zimermann seu nome alemão.

Prudentemente, o cocheiro procede a um desvio para ganhar a Passagem Petrovka. Tudo está calmo, Gavrila, o guarda do imóvel, esperava febrilmente a chegada do proprietário. Verde de medo, empurra-o precipitadamente para o interior antes de fechar a porta atrás de si. Com um dedo sobre a boca, ele o arrasta para o reduto que lhe serve de alojamento.

Pouco depois, a multidão excitada e bêbeda chega diante da loja onde a insígnia com o nome de J. Knebel age como um pano vermelho. A turba vocifera, brande garrafas de cerveja, busca uma passagem para levar a cabo seus baixos trabalhos. Gavrila sai do prédio e mostra à multidão a porta que dá para a loja. Ele não tem senão uma ideia na cabeça: preservar da pilhagem o apartamento que lhe é contíguo.

A porta é forçada e os arruaceiros penetram com deleite em uma sala repleta de livros que eles se apressam a jogar na rua. Mas um deles percebe então a existência de uma escada interior que leva ao primeiro andar.

Gavrila salvou de fato o apartamento da destruição, mas a que preço! Tudo é inexoravelmente destruído como que sob a ação de um furacão: os *souvenirs* de Knöbel, seus trabalhos, seus projetos! Com que fúria devastadora a gentalha lacera os quadros armazenados, reduz a pedaços os móveis, joga pelas janelas as gavetas contendo preciosos clichês... Quando os vândalos deixam finalmente os locais, o objeto de sua vindita sai do esconderijo e sente-se desfalecer: sobre a calçada, um montão de vidros partidos, de móveis quebrados, de telas rasgadas, de quadros encavalados.

Em nome de uma curiosa concepção do liberalismo e do patriotismo, as autoridades deixaram agir livremente. Quando o pai de Maria regressou à *datcha*, ele havia envelhecido dez anos. Estava lívido, incapaz de proferir uma sílaba.

Precisou de vários dias para se recompor. Os gritos de ódio do populacho enfurecido ressoaram durante muito tempo em seus ouvidos. "Eu havia esquecido que a Rússia é a pátria dos *pogroms*. Jamais, estou certo disso, uma tal coisa, uma tal abominação teria sido possível em países civilizados como a Áustria ou a Alemanha!" Ele não viveu tempo suficiente para assistir ao desencadeamento da barbárie na Europa. Seu coração não suportou o golpe e ele foi vítima de seu primeiro acidente cardíaco.

A partir daquele momento começou para ele uma espécie de descida aos infernos. As indenizações prometidas pela Duma tardavam a chegar. Após a tomada do poder pelos bolcheviques, isso, é claro, ficou fora de questão. Ao contrário, multiplicavam-se as dificuldades: o papel estava racionado, a importação de material ou de peças de reposição estava interdita. Para tudo era preciso obter ordens de compra e para tanto cumpria mostrar uma licença especial. Diante de sua recusa de todo compromisso, Joseph Knöbel ia ser submetido a uma odiosa chantagem. A Tcheka[1] prendeu Nikolai sob um pretexto fútil. Ele só é libertado contra regaste. Pai e filho figuram doravante na lista dos suspeitos.

Três soldados armados de um longo fuzil batem à porta da loja. O graduado estende uma ordem de requisição. Para que a expropriação se faça segundo as formas, cabe à pessoa espoliada assinar o recibo, depois se aplicam os selos na porta da loja e da gráfica. O choque foi tão doloroso quanto os do *pogrom* de

---

1   Primeira das organizações de polícia secreta da União Soviética, foi criada por Vladimir Lênin por um decreto emitido em 20 de dezembro de 1917. (N. da T.)

1915. Do dia para a noite, eis o editor privado de seus bens, do fruto de seu trabalho, de tudo o que constituía o sentido de sua vida. A desgraça batia à sua porta pela segunda vez. Ele não era o único, mas isso não era um consolo.

Ele retomou timidamente sua atividade graças à Nova Política Econômica (NEP) que permite à economia russa recobrar o fôlego, possibilitando, dentro de certos limites, o renascimento de um setor privado de atividades. Publicará alguns livros para crianças antes de ser de novo reduzido ao silêncio. A mola que o impulsionava está definitivamente quebrada. Em 1924, graças a um novo diretor da Galeria Trétiakov, obtém um favor para trabalhar na redação do catálogo de uma exposição, *Nas Fontes da Arte Russa*, que deve abrir no outono. Foi então que seu coração falhou para sempre.

Mikhail Tchékhov
e Seu Curso de Arte Dramática (1918-1923)

Maria Knöbel sempre se mostrou infinitamente grata ao artista que era Mikhail Tchékhov por ter desvelado nela os germes de sua vocação teatral. Ele compreendeu de pronto a força de sua imaginação, sua capacidade de metamorfose, seu dom de projeção direcionada aos outros, comediantes e espectadores. Como a crisálida que sai de seu casulo, a estudante de matemática despertou sob o beijo do príncipe encantado. O teatro entrou em sua vida sob os traços de um homem genial, um homem que ela admirou e amou profundamente e a quem permaneceu sempre fiel no mais fundo de seu coração. Ela reatou enfim com as alegrias de sua adolescência e a realização de seus sonhos parecia ao alcance das mãos. É graças a ele que pôde abordar com segurança o oficio de comediante, depois a direção de atores e enfim o ensino da arte do comediante e do encenador. Sem a sua ajuda, seu apoio, sua amizade, teria ela podido realizar assim seu destino? Por sorte, o encontro se fez num bom momento.

Para melhor compreender as circunstâncias excepcionais desse encontro, peço que me perdoem o fato de eu relembrar o que foi o ano de 1917. A guerra se prolongava, era uma verdadeira carnificina. A abdicação do tsar foi a consequência disso. Foi para todo mundo um grande choque. Foi também um momento de graça, de aquisição de liberdades tão longamente esperadas: abolição da censura, liberdade de religião, igualdade de direitos para as mulheres e os homens. As portas da universidade estavam enfim abertas às estudantes. Maria Knöbel foi admitida sem dificuldade na Faculdade de Matemática da Universidade de Moscou.

O inverno de 1917 foi o primeiro de uma longa série de anos terríveis, sem aquecimento, sem comida, sem dinheiro. Um novo fenômeno ia bem depressa se impor a todos: a fila de espera. Foi ela que deu fim ao regime tsarista, foi ela que em breve iria tornar-se a regra. Sua fita negra se encontrava em toda parte, fazia-se fila para o sal, para o óleo de lâmpada, para a vodca, para a celebração das festas rituais do regime, para os tíquetes de racionamento, para a semolina, para recolher nos guichês das prisões as migalhas de informação sobre um pai, um irmão, uma tia, detidos, exilados, torturados, executados.

Na sua impetuosidade juvenil, Bóris recusava fazer-se cúmplice do caos ambiente. Precisava reagir. Apesar das objurgações dos seus, ele deu ouvidos aos chamados ao combate de Kerenski, o efêmero primeiro ministro que foi derrubado pelo derrotismo generalizado. Logo não houve mais notícias de Bóris. Estava na Sibéria, na Ucrânia, na Crimeia? Era aí que se desenrolavam os últimos episódios da luta fratricida que levantava os russos uns contra os outros.

Bóris reapareceu enfim. A felicidade parecia bater de novo à porta deles. Mas não era mais o amigo jovial de outrora. Ele permanecia obstinadamente mudo. No máximo, compreendia-se que havia vivido momentos pavorosos. Ele corria o risco, a todo o momento, de ser denunciado. Graças a amigos de seu pai, encontrou trabalho junto à direção da imprensa. Bóris aceitou, constrangido e forçado a participar do estrangulamento de órgãos independentes. Ele manifestava uma resignação que Maria não podia aceitar. O que contava para ele eram os amigos que havia reencontrado, espécie de casulo caloroso que o fazia esquecer a sombria realidade. Bóris não era mais o mesmo homem. Ele havia perdido sua dignidade e conformava-se. Onde foram parar os sonhos de uma vida feliz, fundada nos mesmos valores? No que se tornaram? Tudo tinha sucumbido em face das provações, da guerra mundial, da guerra civil, das privações, das exclusões, dos discursos de ódio. Que maldição ancestral pesava sobre os ombros dos habitantes desse país!

As relações de Maria e de Bóris se deterioravam. O futuro era sombrio. Ela começava a se desesperar. Foi então que, como em um conto de fadas, apareceu o príncipe encantado, Mikhail Tchékhov.

Maria lembrar-se-ia sempre daquele dia. Ele voltara para casa, ela reencontrara o seu quarto de criança. Ela se esforçava, agasalhada em seu mantô, para resolver uma série de teoremas. Nenhum aquecimento. O gelo encobria a vidraça, que ela varria regularmente para poder contemplar, de seu primeiro andar, a rua Neglinnaia, que se tornara impraticável pela neve. Ninguém para limpar a calçada.

Era um espetáculo hilariante o balé dos pedestres que se atropelavam e escorregavam sobre o gelo, um verdadeiro filme burlesco. De repente Maria avista sua amiga Lida Gurvitch. Ela caminha rapidamente. Está com pressa. Maria bate energicamente na vidraça. Lida levanta a cabeça. Maria lhe faz sinal para subir. Ela faz não com a cabeça. Para onde é que ela vai? Maria decide alcançá-la. É uma boa ocasião para acabar com seu tédio. Ela enfia às pressas seu casaco de lã, calça as botas de feltro, cobre a cabeça com um xale e o amarra, e ei-la junto de sua amiga. O frio é de rachar, é preciso economizar o fôlego: conversa-se por monossílabos. Lida explica que está inscrita em um curso de arte dramática de Mikhail Tchékhov e que ela teme estar atrasada.

Ardendo de curiosidade, Maria a interroga, caminhando com passos muito rápidos.

– Assim Lida, você faz teatro?

– Oh! É para mim uma simples experiência. Você sabe, Mikhail Tchékhov, o comediante, acaba de abrir seu curso, é tudo novo para mim, mas é apaixonante.

– Mas, diga-me, esse Tchékhov é de fato o sobrinho do escritor? Não é ele quem atua no Primeiro Estúdio do Teatro Artístico? É ele que eu vi em *O Grilo na Lareira*, de Dickens? Nós fomos assistir com Bóris. Ele representa um Caleb assombroso em termos de verdade e emoção…

Tchékhov, ela sabe disso, é um discípulo desse Stanislávski que revoluciona a arte do teatro.

– Lida, eu te peço, leva-me com você, eu gostaria tanto de assistir a um curso de teatro! Sonhei tantas vezes com isso!

Lida está embaraçada.

– Não se pode chegar lá desse jeito! É preciso inscrever-se e passar por uma entrevista.

– E se eu me esgueirar atrás de você?

– Não, o curso é dado no salão dele. Você será imediatamente notada e eu estaria em falta. Se você quiser, posso apresentá-la, mas depois da aula.

– Diante da insistência de Maria, Lida deixa-se dobrar.

– Como fazer? Espera um pouco. Hoje é segunda-feira, é o dia da aula magistral no curso, trata-se mais de uma espécie de palestra sobre a história do teatro, sobre a arte do comediante.

Quietas, sentadas em nossas cadeiras, contentamo-nos em tomar notas. Poderíamos, as duas, nos meter no fundo da sala, apertadas numa única cadeira. Ele não notará tua presença, ao menos é o que eu espero.

Como batia o coração de Maria, durante aquele quarto de hora em que elas caminhavam a largas passadas da Neglinnaia até a Gazetnaia, bem abaixo da rua Tverskaia. Elas chegam esbaforidas. Maria encontra-se em incrível estado de excitação. Irá ela reencontrar a magia do teatro que havia encantado sua juventude?

Elas sobem a escada de quatro em quatro degraus. Esperam apertadas uma contra a outra a chegada do mestre. Ele faz sua entrada. Ela sente um choque que a faz vibrar inteira. Uma impressão inesquecível. E, no entanto, o que ela vê é um sujeito baixinho que não tem nada de notável. Ele anda desajeitadamente levantando suas calças que lhe caem sobre os calcanhares. Mas ela ergue então os olhos na direção de seu rosto e tem de súbito uma revelação. A revelação de seu olhar. Um olhar concentrado, que não olha pessoa alguma, fechado em si próprio, mas que parece esperar um sinal, um sinal de amizade. Seus olhos são claros, sem fundo, olhos onde ela lê a solidão, uma interrogação muda, de dor talvez. Maria não sabia mais onde estava, quem ela era. Estava tomada, com medo de se fazer notar, maravilhada ante a magia do momento, em cuja direção uma força desconhecida a impelia. Ela não compreende de pronto o que se passa ao seu redor. Tchékhov acaba de explicar que ele se sente febril, que não está em condição de dar a aula. Ele adia a aula para a semana seguinte. Todos os alunos lhe rogam que não faça nada. Ele hesita. Compreende a decepção deles. Depois tem uma ideia. Ele não se acha em estado de falar longamente, mas pode supervisionar um exercício coletivo, o que chama de uma "improvisação de grupo". A curiosidade é mais forte. Maria deixa sua cadeira e se aproxima.

Produziu-se então um acontecimento que devia mudar sua vida. De uma maneira inesperada para si mesma, ela exibe uma capacidade de improvisação que conquista Mikhail Tchékhov. Voltaremos, mais adiante, a esse episódio crucial que iria mudar a vida de Maria[2].

---

2   Ver infra, p. 122-125. (N. da T.)

O Estúdio: Uma Enseada de Paz

A aula acabou. Tchékhov convida Maria a permanecer por um momento. Eles se instalam no divã e ele começa a falar. Fala de si, de sua paixão pelo teatro, de seus inícios no Primeiro Estúdio. Foi aí que aprendeu o ofício, que se tornou comediante sob o cajado de Stanislávski. Fala a Maria como se eles se conhecessem desde sempre, como a uma amiga. Ele lhe conta seus infortúnios. Sua mulher, Olga, acaba de abandoná-lo. Ela partiu para a Alemanha com sua filha, um bebê de um ano que ele adora.

Ele se interrompe de súbito em pleno discurso e chama sua mãe. Pede--lhe que traga algo para beber. Vestida em um *peignoir* preto com franjas, um lenço preto em torno da cabeça, ela segura uma longa piteira na mão e encara a jovem com seus olhos penetrantes, afastando ao mesmo tempo a fumaça bem à sua frente. Tem o ar de uma feiticeira. Ele faz as apresentações:

– Eis minha nova aluna.

Ele se dá conta então de que não sabe sequer o nome de Maria. A mãe deposita os copos sobre uma mesinha e volta imediatamente para o seu quarto. Mikhail vai buscar garrafas de cerveja que ele guardava ao fresco na dupla janela. Maria está no cúmulo do encantamento. Esse homem que ela não conhecia, esse ator célebre, se tornou para ela tão familiar, terrivelmente caro. Ela não compreende o que se passa no fundo dela mesma.

Ela nada contou desse encontro extraordinário à sua família e, sobretudo, ao seu pai. Maria continuará a seguir os cursos da Universidade de Moscou, mas abandona o estudo da matemática para inscrever-se na faculdade de história da arte. É difícil a seu pai opor algum obstáculo a essa escolha.

De fato, Mikhail Tchékhov não tornara a abrir seu curso senão após algumas semanas. Ele estava apenas saindo de um severo estado depressivo em consequência do qual havia renunciado a subir aos palcos. Como todo artista, Tchékhov era um homem de nervos frágeis. Havia sofrido uma sucessão de choques violentos que não pudera enfrentar. Em setembro, fora a partida de Olga, que lhe censurava as extravagâncias e a bebedeira. Pouco depois, seu primo Vladimir, que ele amava como a um irmão, se dá um tiro no coração com o revólver roubado de seu primo… Mikhail está de tal modo perturbado que comete um ato imperdoável. Ele esquece de que deve representar nessa mesma noite no teatro do Primeiro Estúdio! Enfim, são os combates violentos que se desenrolam em Moscou no mês de novembro. Mikhail sobressalta-se a cada deflagração, a cada salva de artilharia. Ele permanece enterrado em sua casa, esperando o fim do mundo.

No correr dos anos, Mikhail se tornou mais do que um amigo para Maria. Ela descobriu que era feita para amar e ser amada. Ele lhe fazia confidências, a tomava por testemunha de seus tormentos, falava-lhe de sua infância, de seu pai Aleksandr Tchékhov, que não conseguia se resignar à sua mediocridade ante o talento de seu irmão Anton. Roído pelo álcool, ele havia de morrer prematuramente, deixando seu filho Mikhail sob a guarda de uma mãe lunática.

Apresentado a Stanislávski por Olga Knipper, sua tia por afinidade e uma das principais atrizes do Teatro Artístico de Moscou, ele atrai logo a atenção do diretor. Ele virá a ser um dos pilares da cena experimental que este institui em 1911 sob o nome de Primeiro Estúdio do Teatro Artístico. (Preferiremos o nome tradicional ao de Teatro de Arte que se difundiu a partir de 1937, sob a influência das autoridades soviéticas.)

Maria Knöbel ouve fascinada o relato que Mikhail Tchékhov faz dessa experiência formadora:

– Contrariamente ao hábito, nosso trabalho não versava sobre textos de dramaturgos. Sulerjitski, um discípulo de Tolstói, que era o assistente de Stanislávski, era encarregado de nossa formação. Ele se preocupava, antes de tudo, em desenvolver nossas capacidades de observação. O curso começava por exercícios de ioga, depois ele nos pedia que descrevêssemos algum evento ocorrido durante o dia. Aqui, era um homem que corria para pegar o bonde que acabava de pôr-se em marcha, ali uma mulher enlameada por um carro que passava por uma poça d'água, ou ainda um cavalo que desembestava e derrubava um transeunte. Ele nos pedia então que mimetizássemos uma dessas cenas. Eu me lembro de uma cena intitulada "No Cabelereiro", realizada por um trio entre os quais estávamos Vakhtângov e eu. Vakhtângov, que se tornou meu melhor camarada, tinha um grande carisma e exercia uma verdadeira sedução sobre o público, com seus olhos brilhantes, seu nariz ligeiramente arqueado, sua cabeleira negra ondulada. Todos os alunos morriam de rir. Nossas camaradas mulheres não eram menos dotadas para esses esquetes. Eu me recordo, em particular, de Liubov Orlova, que se tornou célebre desde então e fez uma bela carreira cinematográfica. Quando Stanislávski vinha assistir ao curso era uma festa. Havia, em reserva, temas de improvisação os mais variados. Mas o essencial era formar homens de qualidade, a técnica de representação era apenas um acessório.

O mito de Mikhail Tchékhov começava a elaborar-se, mas para Maria Knöbel era o homem que contava, um homem que lhe era tão próximo que ela teria sido incapaz de descrevê-lo. Ela deixou esse cuidado a uma de suas camaradas, Alexandra Davidova, que passou alguns anos na trupe de Mikhail Tchékhov:

"Pequena estatura, magro, dando uma impressão de leveza, apesar da largura de ombros, levemente moreno, o rosto assimétrico, o nariz um pouco arrebitado, a fronte larga, belos olhos claros, cinza-azulados, ligeiramente amendoados. Esses olhos são olhos de criança, puros, abertos e espantosamente penetrantes, olhos que parecem atravessar a gente e de onde jorra uma girândola de centelhas alegres. Os cabelos castanhos, um topete acima da testa. Ele tem algo de Púschkin."

Tal era o homem que havia mudado o destino de Maria Knöbel.

O Estúdio Tchékhov, como foi denominado, oferecia aos seus frequentadores um lugar de alta cultura. Era uma enseada de paz em cujas portas se detinha o caos ambiente.

Mikhail Tchékhov, o Comediante

Mikhail Tchékhov era perfeito para os papéis de composição. Estupefato por seu virtuosismo, seu amigo Vakhtângov contava com que destreza ele podia se transformar. Assim foi com a personagem Frazer em *O Dilúvio*, que o Primeiro Estúdio pusera no programa. O autor sueco Henning Berger situa seu drama no Mississipi. Surge a notícia de que uma barragem se rompeu, e que toda a região vai ser coberta pelas águas. É a ocasião para um momento da verdade de parte desses homens sob ameaça de morte. Mesmo Frazer, um homem de negócios suspeitos, será capaz de sacrifício.

Na noite da estreia, Tchékhov mede a largas passadas os bastidores com um ar preocupado. Quando a cortina se ergue, aparece uma personagem inteiramente diferente daquela que ele havia assentado no curso dos ensaios: agora Frazer é um corretor de bolsa judeu que encanta o público por suas mímicas e seu acento ídiche. Na noite seguinte, transformação completa. Ao homenzinho vivo e muito corado, gesticulante e de acento característico, sucedeu um beato que fala em voz de falsete e levanta constantemente os olhos para o céu tomando Deus como testemunha! Os espectadores estão sempre também maravilhados e lhe fazem uma ovação.

O teatro é a verdadeira paixão de Mikhail Tchékhov e o retiro que ele se impusera após a sua depressão não durou mais de três anos. Ele cede às solicitações de Stanislávski que lhe propõe voltar a atuar no Primeiro Estúdio. Será um papel de composição, o de Malvólio, o intendente ridículo em *Como Gostais*. Tchékhov reencontra intacto o prazer de representar e a graça do público. Ele apresenta uma personagem cujo ridículo suscita ao mesmo tempo uma espécie de enternecimento. Esse comediante excepcional reconhecia todo o proveito que havia tirado dos três anos que tinha consagrado ao ensino da arte dramática.

Mal chegara aos trinta anos e é convidado a subir ao palco do Teatro Artístico: irá retomar o papel de Khlestakov do *Revizor* (O Inspetor Geral) que alcançara grande sucesso quando de sua criação nesse tablado em 1908. É um triunfo. Uma espécie de vibrião tragicômico cujo grotesco possui qualquer coisa de demoníaco, esse seu Khlestakov, graças ao estranho fascínio que exerce sobre os notáveis de uma cidade provinciana, arrastando a uma ronda infernal todos os membros da oligarquia local. Fiel à sua tradição, o Teatro Artístico reata com os clássicos. Era uma pedra de pavimentação no charco de tudo aquilo que, nesses primeiros anos de efervescência revolucionária, queria "jogar Púschkin murada afora da modernidade". O público se precipitava para ver a denúncia feita por Gógol a uma sociedade burocrática obtusa, tateante e grotesca que, infelizmente, estava em vias de se reconstituir.

Bóris não compreendia que Maria tinha necessidade dessa boia de oxigênio, que suas relações com Mikhail eram as de uma discípula em presença de seu mestre e que elas não deviam inquietá-lo. Ele tinha acessos de ciúme, não suportava a intimidade que suspeitava haver entre os dois. Ela se sentia incomparavelmente melhor com Mikhail que a compreendia, que a consolava e que, de seu lado, lhe fazia confidências. Ela se aconchegava nele e conhecia, então, instantes de verdadeira felicidade. Suas relações com Bóris se deterioravam inexoravelmente.

As feministas haviam encontrado em Alexandra Kolontai uma porta-voz. A primeira medida, visando libertar a mulher russa de sua longa sujeição, consistira em abolir a instituição do casamento. Bastava, doravante, fazer uma declaração no cartório do estado civil. Dada a incapacidade que Maria e Bóris tinham em prosseguir sua vida em comum, eles se renderam à evidência e fizeram o registro da anulação de seu casamento.

Tchékhov se libertava progressivamente do domínio de seu pai espiritual. À questão colocada por um jornalista que lhe perguntava se, como preconiza Stanislávski, o ator deve inspirar-se em emoções e vicissitudes de sua vida pessoal, Tchékhov dera uma resposta comedida. – Sim – respondeu ele –, com a condição de que seja uma lembrança remota e não uma impressão do momento. Um artista não deve fechar-se em si próprio, deve permanecer na objetividade.

Logo, ele havia de repor em causa o recurso à "memória afetiva", um dos pilares do sistema de Stanislávski. Sua posição se radicaliza em *O Mistério do Espírito Criador*, publicado em 1926. Tratando-se da elaboração da personagem, ele se afasta de seu mestre ao recomendar o recurso à imitação, inteiramente banida do sistema.

Dois anos mais tarde, a ruptura era consagrada. Pouco antes de deixar seu teatro e seu país, Tchékhov realizava obra original e tomava lugar na linhagem dos grandes teóricos da atividade teatral. Isso será a base de seu ensinamento nas suas peregrinações pela Europa e pelos Estados Unidos. Em *O Caminho do Ator* ele afirma, em alto e bom som, que a personagem é uma criação *sui generis* do comediante. Tudo é representado sobre a corda bamba entre composição e improvisação. Esses debates continuam a agitar o mundo teatral em toda a Europa.

O movimento dominante na Rússia no início dos anos 1920 era o Proletkult, que pregava uma cultura elaborada por e para os proletários. Com os "futuristas", sonhava-se com uma sociedade libertada das pesadas cargas da cultura dita burguesa. É nesse contexto que Eisenstein empreendeu a desconstrução de uma peça clássica de Aleksandr Ostróvski. Sua concepção iconoclasta de *Ao Mal, Mal e Meio*, só foi compartilhada por uma minoria de intelectuais apaixonados. Os dois diretores do Teatro Artístico tinham tudo a temer desses excessos que punham, deliberadamente, em questão o teatro psicológico sob a forma refinada que havia adquirido graças à dramaturgia de Anton Tchékhov.

Nessa época de pesquisas febris de um novo estilo de expressão, o Teatro Artístico teve a oportunidade de encontrar um aliado de peso nesse bolchevique de primeira hora que era Lunatchárski. Esse radical-socialista do bolchevismo julgava que o povo devia formar-se na escola das grandes tradições do passado antes de se iniciar na linguagem extravagante dos jovens artistas revolucionários. Daí a incitação de Lunatchárski para "Voltar a Ostróvski" foi sentida nos meios teatrais como sendo uma ingerência intolerável do poder político na livre competição entre correntes artísticas. Não seria preciso esperar muito tempo para ver a arte submetida a uma ideologia intolerante que se apoiava, para triunfar, nos rigores do braço secular. Nesse curto intervalo de relativa liberdade, o slogan inesperado de Lunatchárski reforçava a convicção do Teatro Artístico de que a causa do verdadeiro teatro estava ganha.

Convém retomar o curso de vida de comediante de Maria Knöbel. Quando Mikhail Tchékhov anunciou de maneira bastante brutal que retomava sua carreira teatral interrompida e que ia fechar seu Estúdio, o pânico tomou conta de seus alunos. Era uma família que se deslocava, um pai que abandonava seus filhos. Onde se encontraria em outro lugar essa atmosfera de liberdade, essa inteligência, essa finura? Quanto a Mikhail, ele estava persuadido de que, após três anos de curso, seus alunos não teriam nenhuma dificuldade em conseguir um lugar em uma dessas numerosas trupes que formigavam então em Moscou.

Transbordando de atividade, Vakhtângov, que compartilhava os holofotes com Tchékhov no Primeiro Estúdio, havia criado, por seu lado, um curso de arte dramática que se tornou o Terceiro Estúdio do Teatro Artístico. Vakhtângov, porém, estava sendo minado pela tísica. Com sua morte, ocorrida em 22 de maio de 1922, o teatro russo perdia um grande mestre da cena teatral. Era necessário encontrar um sucessor, e é desde logo em Mikhail Tchékhov que os diretores do Teatro Artístico pensaram. A despeito de seu pouco gosto pelas responsabilidades, Mikhail Tchékhov aceitou a indicação. Mas ele continuava sendo, antes de tudo, um comediante.

Ele propôs, naturalmente, a Maria Knöbel que entrasse em sua trupe. Para a sua grande surpresa, ela lhe expressou sua recusa daquilo que considerava um favor imerecido. Não queria passar por criatura de Mikhail Tchékhov. Ela não duvidava do preço que teria a pagar por essa decisão tão delicada.

A Escola de Arte Dramática do Segundo Estúdio

Eis, portanto, no outono de 1923, a nossa jovem aluna comediante inscrita em um curso reconhecido. Fundado em 1911 pelos comediantes do Teatro Artístico, o Segundo Estúdio havia aberto uma escola de arte dramática que, no correr dos anos, adquirira uma boa reputação. Aplicava-se aí estritamente as indicações de Stanislávski. Finda a embriaguez da improvisação, a liberdade de concepção, a espontaneidade de realização. Maria Knöbel teve dificuldade em se adaptar a essa nova escola. Seu curso era dirigido por Elizaveta

Telechova, comediante e encenadora que fazia os seus alunos sofrerem um verdadeiro adestramento, por meio de "estudos" concebidos como "gamas" dessecantes. Era particularmente exigente com respeito à sua nova aluna, vítima, segundo ela, de fantasias de um excelente comediante, mas reles educador. O dogmatismo estava aí erigido em autoridade. A pretensão de deter a verdade conduz sempre à pior das violências.

Um basta para o apoio amigo por parte do mestre. A divisa dos ensinamentos era que tudo se aprende e nada se ensina. Felizmente, havia aí a solidariedade dos alunos. Cumpria evidentemente aplicar as receitas do "sistema", isto é, conceder uma atenção meticulosa às motivações da personagem, à sua interação com seus parceiros, à análise psicológica do texto. A memória emocional era de rigor.

Censurava-se precisamente a Maria de não estar à escuta de seus parceiros, de ser demasiado nervosa, de ter falta de simplicidade. Ela fazia figura de rebelde.

Esse quadro deve ser matizado. Quando o curso era proferido por Vakhtang Mtchedelov, um dos fundadores do Segundo Estúdio, Maria sentia o mesmo entusiasmo que no Estúdio Tchékhov. Embora seguindo as indicações de Stanislávski, ele não era seu escravo. Admitia uma dose de improvisação, que considerava como um elemento indispensável da criação teatral. Seu ensinamento era estimulante e os alunos o adoravam. Infelizmente, eram raras suas aparições na escola, porque, antes de tudo, dava prosseguimento à sua atividade de comediante e de encenador. Corria de uma sala de espetáculo a outra representando no Teatro Artístico, no Teatro Habima, no Teatro Dramático (ex-Teatro Korsch). Seu ascendência era tal que os diretores do Teatro Artístico pressentiram nele alguém capaz de insuflar um novo alento à velha casa sacudida pela tempestade revolucionária. Seu desaparecimento prematuro em 1924 devia repor tudo em questão.

Elizaveta Telechova queria fazer com que Maria compreendesse os perigos da improvisação. Julgava-se capaz de curar sua aluna dessa "doença". Ela falhou, não conseguiu. A sessão de exorcismo foi brutal. Como havia, apesar de tudo, um exercício de improvisação no programa do exame, Maria se saiu brilhantemente. O júri lhe dirigiu suas felicitações quando Telechova lhe pediu, com um ar inocente, para repetir seu tributo ao idêntico. Aí foi o bloqueio. Impossível refazer uma segunda vez o que se apresentara espontaneamente à sua imaginação. Telechova teve então condições de lhe explicar que a improvisação deve ser estruturada e reprodutível, senão não era arte,

A VIDA DE MARIA KNEBEL   35

porém um jogo estéril, um mero bálsamo para o ego do comediante. O que era permitido a um grande artista como Mikhail Tchékhov não estava ao alcance de uma simples iniciante. Nisso, ela não estava inteiramente errada. Como o exame de fim de ano se aproximava, acrescentou perfidamente: – Como apresentar a Stanislávski e a Nemiróvitch uma aluna que não jura senão pela improvisação, mas que é incapaz de remendar uma meia imaginária com uma agulha imaginária?

Pode-se imaginar a confusão de Maria que, entretanto, reconheceu que seu professor marcara um ponto.

Felizmente, essas tribulações não durariam muito tempo. Suas capacidades foram reconhecidas e, ao cabo desse primeiro ano, Maria Knöbel foi admitida diretamente no terceiro ano. Ela não teria de sofrer mais com a palmatória de Telechova. Mas era preciso redobrar os esforços para obter o diploma final.

Da Escola ao Teatro do Segundo Estúdio: Naum Fried (1924-1932)

Maria guardava, apesar de tudo, uma lembrança luminosa desses anos. Ela realizava enfim seu sonho, estava engajada no caminho desse ofício que a atraía há tanto tempo. Era a euforia da juventude.

Ela era assediada pelas atenções de um de seus colegas, mais velho, Mikhail Kédrov. Ele tinha abandonado o seminário para voltar-se ao teatro e haveria de se revelar um excelente ator, muito apreciado por Stanislávski, que lhe confiou o papel de Tartufo em uma de suas últimas produções. Maria, porém, fugia dele como da peste, o que tinha o dom de exasperá-lo. Qual não foi sua raiva quando ela lançou sua vista sobre Naum Fried. Como poderia alguém preferir, em vez dele, um jovem aluno, contratado pelo teatro do Segundo Estúdio para aí escrever a música de cena? Um reles músico e, além disso, judeu. Parecendo-se vagamente com Ossip Mandelstam, a tez mate, cabelos negros e crespos, Naum tinha tudo para agradar uma jovem de vinte e cinco anos um tanto desamparada. Uma vez mais, ela se confrontava com um ser vulnerável e sonhava em ampará-lo maternalmente. Logo, sentiu-se apaixonada como jamais estivera, ao menos assim pensava. Ele lhe retribuía não menos. Eles decidiram se casar.

Seus camaradas a felicitaram, exceto Kédrov, que jurou vingar-se. A família de Maria regozijou-se com esse novo casamento. Apesar das dificuldades da vida cotidiana e do estado de prostração no qual se encontrava seu pai, celebrou-se alegremente esse enlace. Haviam conseguido encontrar vinho do Cáucaso, pepinos marinados e caviar. Os jovens nubentes estavam eufóricos; instalaram-se em um quarto alugado no bairro das Tchistie Prudi (Lagoas Límpidas). A vida parecia retomar seu curso normal, enquanto A Nova Política Econômica (NEP) fazia sentir seus efeitos benéficos. Todas as esperanças eram permitidas a esses dois jovens que partilhavam a paixão pelo teatro.

Dois anos mais tarde, Maria perdia seu pai que sucumbia a um segundo enfarte. Após o enterro em Moscou, no cemitério Vvedenski, as pessoas se encontraram de novo para o repasto funerário. Sacrificando a um rito imemorial, bebeu-se em memória do falecido, desejando-lhe uma vida celeste. Maria e Naum voltaram para sua casa cambaleando sob o efeito da dor e da vodca. As lembranças da vida e do destino de seu pai desfilavam diante de seus olhos, enquanto Naum se esforçava timidamente em consolá-la.

Pouco tempo depois, Maria deu-se conta do comportamento estranho de seu marido. Naum efetuava frequentes escapadas. Acontecia-lhe voltar de madrugada, com o rosto tumeficado e as vestes dilaceradas. Finalmente, ele confessou a Maria que sentia mais prazer em encontrar-se com homens do que com mulheres. Acontecia-lhe vaguear pela praça Trubanaia, frequentada pelos rapazes da pesada. Isso acabava muitas vezes em desordens. Embora dando provas de compreensão, Maria tinha dificuldade de entender uma inclinação da qual não fazia a menor ideia até então. Apesar de todo afeto que sentia por seu marido, ela dizia que não podia mais compartilhar de sua vida. De comum acordo, resolveram pôr fim à sua união. Pela segunda vez em sua vida, ela encontrava-se de novo no birô do estado civil para notificar um divórcio.

Quanto a Naum, ele preferiu afastar-se. Foi contratado por um teatro da Geórgia antes de ser propelido, por ocasião da guerra, para Novossibirsk, onde foi encarregado da ópera que acabava de ser criada ali. A cada passagem pela capital, revia Maria, com a qual nunca rompeu.

Ele havia de morrer em 1964 em um acidente de automóvel. Nessa data, Maria já tinha perdido todos aqueles a quem amara. Ela não vivia senão para e por seu trabalho. Mas voltemos ao outono de 1923, no momento em que ela se preparava para cursar o último ano dos estudos teatrais. Porém, nesse período de mutações rápidas, produziu-se um acontecimento inesperado. Alguns meses mais tarde, o Segundo Estúdio abre uma campanha de recrutamento para ampliar sua trupe. Rumores circulam entre os alunos do terceiro ano que estão em primeiro lugar entre os candidatos. Tudo se faz então muito rapidamente, sem nem mesmo um simulacro de concurso. Do dia para a noite, o sonho de Maria Knöbel se realiza: ela adquiri o *status* de comediante profissional.

O Teatro Artístico de Moscou: Uma Segunda Juventude

Desejoso de submeter as manifestações do espírito ao seu controle, o novo regime endureceu progressivamente sua política. Durante certo tempo, o Partido Comunista se contenta em assistir, com um distanciamento aparente, às brigas que opunham o Proletkult e os artistas proletários aos futuristas e aos "companheiros de viagem". O regime recorre à arte teatral com um fito de propaganda no exterior. Em 1922, o Primeiro Estúdio, sob a direção de Mikhail Tchékhov, é enviado a título de ensaio em turnê aos países limítrofes da Rússia, os países bálticos, a Alemanha e a Tchecoslováquia. A turnê é um sucesso, o que vale a Mikhail Tchékhov o título prestigioso de "Artista Emérito da República da Rússia". Este será o prelúdio de uma série de turnês ao estrangeiro: o Terceiro Estúdio, o Teatro de Câmara de Moscou e o Teatro Artístico de Moscou sulcaram a Europa e mais além.

Preocupado em salvar do descalabro o patrimônio teatral da Rússia, Anatoli Lunatchárski persuade Lênin a preservar as melhores instituições teatrais, concedendo-lhes um *status* privilegiado. Os teatros ditos Acadêmicos receberão, diretamente, ajuda do Estado. Por decreto do Conselho de Comissários do Povo, com a data de 5 de abril de 1923, são considerados como Teatros Acadêmicos os antigos Teatros Imperiais (Bolshoi e Mali em Moscou, Mariinski, Alexandrinskii e Mikhailovski em São Petersburgo), mas também o Teatro Artístico de Moscou e os Estúdios que lhe são ligados. Lunatchárski estava à testa de um ministério (comissariado do povo) concebido no espírito das luzes, para quem instrução e cultura iam *pari passu*. Velho bolchevique, ele fora companheiro de primeira hora de Lênin, que levava em conta seu ponto de vista mesmo se não partilhava sempre dele.

Apesar de tudo isso, a sorte do Teatro Artístico remanescia em suspenso. O êxito de *Revizor* não faz senão exacerbar a cólera da crítica de esquerda.

Eis, diziam seus tenores como Maiakóvski ou Meierhold, o signo do imobilismo desse teatro que permanece voltado para o passado. Stanislávski está abalado, tanto mais quanto as dificuldades financeiras nas quais ele se debate arriscam conduzir ao fechamento puro e simples desse teatro. Sem contar com o fato de que eles são mal remunerados, os comediantes são obrigados a representar em um teatro não aquecido!

No outono de 1922, ele obtém autorização de partir em turnê aos Estados Unidos. Além do prestígio político que se desfrutava dessa manifestação artística, contava-se realmente com as receitas para salvar a caixa do teatro.

Após uma etapa em Berlim, a turnê chega a Paris para uma temporada de duas semanas antes do embarque no Havre rumo a Nova York. Prevista para alguns meses, ela se prolongará por dois bons anos! Stanislávski terá pensado em deixar definitivamente a Rússia? Sua mulher, a atriz Lilina, não fazia parte da turnê. Como poderia ele abandoná-la?

O restante da trupe se viu preso no turbilhão da guerra civil. Cortado de sua base, o "grupo de Katchálov" vai para Praga onde é calorosamente acolhido. Graças a seu jeito, Nemiróvitch obtém a anistia para esses comediantes extraviados.

Mas, entrementes, na ausência de seus principais comediantes, a sala da rua dos Gentis-Homens (Kamergerski Pereulok) não é mais que uma concha vazia onde se apresentam trupes de província com performances medíocres. Se se quer salvar o Teatro Artístico, é preciso se aja depressa, pois o futuro é incerto.

Nemiróvitch e Lunatchárski estão um e outro convencidos de que, para sobreviver, esse teatro deve remoçar uma trupe que foi formada no início do século XX. O aporte de jovens atores mais abertos à mudança deverá permitir que ele se adapte à nova ordem sem perder sua alma. Uma solução se impõe, aquela que consiste em integrar na trupe os atores de um dos Estúdios de que o Teatro Artístico se cercou e que aplica os mesmos métodos de trabalho.

Desde o mês de fevereiro de 1924, Lunatchárski convoca todas as partes interessadas para lhes expor o projeto de fusão estabelecido com Nemiróvitch e com a concordância de Stanislávski. A fim de proceder amigavelmente, cada um dos Estúdios foi consultado, a começar pelo Primeiro, que era o mais próximo da casa mãe. Mikhail Tchékhov, porém, recusa-se a pôr a pique seu teatro. Os diretores do Teatro Artístico não lhe perdoarão jamais isso que eles consideram como uma traição. Desorientado pela morte do saudoso Mtchedelov, o Segundo Estúdio não é consultado. Ademais, Stanislávski censura-lhe aquilo que ele chama suas "escapadas futuristas". O Terceiro Estúdio, herdeiro do espírito de Vakhtângov, é um valor seguro, mesmo se Stanislávski lhe reprova uma deplorável tendência a olhar para o lado de Meierhold. Mas seu novo diretor, o jovem comediante Iuri Zavádski, se mostra muito reservado. Ele pleiteia a autonomia desse Estúdio que se tornará, em breve, um teatro inteiramente à parte. O Quarto Estúdio é uma criação demasiado recente para que se possa depositar confiança em seus comediantes, malgrado os esforços de seu animador, Constantin Babanin.

Em desespero de causa, o foco volta-se para o Segundo Estúdio. Nemiróvitch, por seu lado, faz um julgamento severo da última criação desse grupo:

> O Segundo Estúdio montou *Os Salteadores* sem perguntar nada a ninguém. Eu não lhes escondi que não havia gostado de seu espetáculo, que tinha algo de desagradável. Esquerdismo provocador, contestação do realismo. É ao mesmo tempo estúpido e aliciador. Em suma, o construtivismo, o homem transformado em espantalho etc. Os atores não são maus, porém o espetáculo é de vomitar... Sem serem desprovidos de talento, os atores carecem de flama, de inspiração, eles dão a impressão de estarem desnorteados na expectativa de um projeto estético do qual têm apenas uma ideia confusa.

Maria Knöbel desempenha aí um papel que é um achado do encenador e que irritou particularmente Nemiróvitch: ela devia representar um servidor mudo que segue como sua sombra Franz Moore, o herói do drama de Schiller.

O Segundo Estúdio era o alvo dos ideólogos de esquerda que lhe censuravam sua fidelidade à estética simbolista. Foi o caso de *A Guirlanda de Rosas*, adaptação do romance homônimo de Sologub, que ia em contratempo da ideologia reinante. Toda uma parte da juventude repetia esses versos em que o poeta celebrava a revolta do homem solitário esmagado pelas forças do universo.

> Indagando a força primordial,
> Eu lanço aos céus um desafio,
> E por sua voz os astros respondem
> Que da natureza, eu sou o criador.

Maria Knöbel foi contemplada com o papel de uma velha. Toda feliz, convidou seus pais para ver o espetáculo. Mas seu pai permanece intratável.

– Você tem quase vinte cinco anos. Se na sua idade você representa as velhas, quando representará as jovens? – Maria preferiu ver aí o traço de um amor contrariado.

Quando Nemiróvitch comunicou a Stanislávski a decisão tomada, isto é, a fusão da trupe do Segundo Estúdio com a do Teatro Artístico, Alexêiev é tomado de furor. Com uma pena acerada, intimou Nemiróvitch a romper todas as relações com aqueles que se haviam revelado ingratos. Ele se comparava ao Rei Lear, traído por suas duas filhas, Goneril, o Primeiro Estúdio, e Régane, o Terceiro Estúdio. Por fim, o Segundo Estúdio fazia figura de Cordélia, a rejeitada, a única que amava verdadeiramente seu pai. Mas como atrelar essa corça receosa ao corcel arrojado que era o Teatro Artístico? Como poderia ele duvidar que é dessa trupe tão depreciada que sairão os grandes astros dos decênios seguintes, Nikolai Khméliov, Mikhail Kédrov, Alla Tarassova e um encenador de talento como Ilia Sudákov?

No correr do outono de 1924, o Teatro Artístico fez passar por entrevistas de pura forma os comediantes do Segundo Estúdio desejosos de ingressar em seu elenco. Procedeu-se à dissolução desse Estúdio. Maria Knöbel, que nunca passava diante do teatro da rua dos Gentis-Homens sem um sentimento de veneração, ver-se-ia convertida, para uma certa surpresa sua, como que por intervenção do destino, em membro desse teatro.

Ela admirava sua fachada *modern style* que já era em si mesmo um *décor* de teatro: ladrilhos de faiança que enquadram a porta, e cujo motivo é finamente reproduzido por uma orla em mosaico. Era uma homenagem às artes decorativas do começo do século. Maçanetas de cobre lavrado, desenho assimétrico do edifício ornado acima da entrada da direita de um admirável baixo-relevo, uma incrível nuvem mineral representando um nadador, os braços separados, num último salto contra as vagas que ameaçam engoli-lo. Anna Golubkina quis simbolizar em sua obra o espírito de contestação do Teatro Artístico na época de sua criação. Ao contrário do que se poderia crer, ela representa aí não uma gaivota, mas um petrel, o pássaro anunciador das tempestades cantado por Górki. O acesso à sala se faz por uma porta de linhas ligeiramente encurvadas. As cadeiras são de madeira loura de um belo rigor nórdico, ornadas de uma gaivota estilizada. E a cena, tão carregada de emoção! Esse teatro ia tornar-se sua casa, é lá que Maria Knöbel ia fazer-se conhecer ao lado dos veteranos da primeira hora!

Após a fusão, Stanislávski se esforça por mostrar boa cara aos recém-chegados. Ele leva ao palco o drama histórico de Smolin sobre Isabel I da

A VIDA DE MARIA KNEBEL

Rússia, *A Tsarina Elizaveta 1*, montado pelo Segundo Estúdio. O público aprecia essa evocação de um passado faustoso que faz esquecer a monotonia cinzenta do momento. É a terceira aparição de Maria Knöbel nesse palco onde ela desempenha um papel de homem, na personagem do ministro Biron, chamado pela tsarina a fim de dar à burocracia russa o rigor da organização alemã.

Contratada como "estagiária", a comediante só será nomeada *doublé*, artista substituta, ao fim de seis anos. Seu físico a impedia de abordar grandes papéis. Um de seus melhores desempenhos foi em *O Jardim das Cerejeiras* no papel de Charlotte, a patética governanta alemã nas suas pobres tentativas de fazer rir a sociedade. Em compensação, seu sucesso no papel de Karpukhina, personagem colorida de *O Sonho do Tio,* lhe valeu uma séria reprimenda de Stanislávski, que a acusou de cabotinismo e de "exageros expressionistas". Veremos, na segunda parte desta obra, qual foi a reação de Stanislávski[3].

Dois Teatros Artísticos em Moscou

Para Lunatchárski, o único meio de salvar o Teatro Artístico de si próprio consistia em criar uma emulação entre a velha casa e seu rebento mais promissor: seu Primeiro Estúdio. Sem consultar nem prevenir Nemiróvitch, ele abre o jogo e confere ao Estúdio o nome de Teatro Artístico n. 2. Para lhe dar maior visibilidade, instala-o no edifício do antigo Teatro Nezlobin, maravilhosamente situado nos flancos do Teatro Bolshoi. Pode-se imaginar a reação dos diretores e da trupe do teatro da rua dos Gentis-Homens adornado com o nome de Teatro Artístico n. 1.

Durante quatro anos se assistirá no mundo teatral à surda rivalidade entre os dois Teatros Artísticos. Embora censurando em Mikhail Tchékhov sua vontade de independência, Stanislávski só podia reconhecer o talento de seu antigo discípulo. Sua interpretação do papel de Hamlet permaneceu inesquecível, plena de expressividade, originalidade e autenticidade. Mas a reprise da peça de Shakespeare no palco do Teatro Artístico n. 2 é sentida como um desafio intolerável. As pessoas lembram-se do projeto grandioso

3 Ver infra, p. 134-135. (N. da T.)

de um *Hamlet* simbolista com o qual sonhara Stanislávski, associando-se a este outro visionário que era Gordon Craig.

Novo desafio à distância. Um dos primeiros sucessos do Teatro Artístico de Moscou foi a criação de *A Morte de Ivã, o Terrível*, peça em verso do poeta Alexei K. Tolstói, proibida durante muito tempo, sombria meditação sobre as intrigas e a fragilidade do poder. Mikhail Tchékhov decide montar essa mesma obra, que oferece um belo papel trágico. A maior parte dos críticos denuncia o que eles consideram como um gosto mórbido pela morte e por um passado infame e findo. Mas eles não podem contestar o talento do comediante. Quando se reclama das obras contemporâneas, Mikhail Tchékhov se sai do problema com uma espécie de provocação. Ele monta *Petersburgo*, adaptação do romance de seu amigo Andrei Biéli, obra fora da norma que ilustra o combate entre as forças do império tsarista personificadas por um Ableukhov e o diletantismo de um terrorista que não é outro senão seu próprio filho. Escrito por um escritor esotérico, esse romance é mais uma celebração da utopia anarquista do que uma homenagem ao terrorismo revolucionário. No papel dessa personagem diabólica que é Ableukhov, Tchékhov é de novo uma figura gritante de verdade.

Mas essa rivalidade entre teatros não é nada ao lado do drama político que é representado no curso desses anos cruciais. Ele se conclui em 1927 com a eliminação política de Trótski, em quem Stálin via seu principal rival. De outra parte, Lunatchárski não tem mais o apoio de Lênin e vê sua autoridade contestada. Seu espírito de tolerância e sua forte personalidade não se ajustavam com a imposição de linhas obrigatórias à vida artística e cultural. O Narkompros (Comissariado do Povo para a Instrução e a Cultura), que ele continua a dirigir, deve compor-se com um organismo dotado de um poder discricionário, o Glavrepertkom (Comitê Geral do Repertório). Exercendo uma censura que não declina seu nome, ele controla todas as criações do espírito, desde os textos até os espetáculos que não podem ser apresentados ao público sem o seu aval.

Mikhail Tchékhov cede na aparência a seus críticos montando uma peça mal arrematada de dois jovens militantes do sindicato dos estudantes proletários, *Frol Sevastianov*. Escrita por dois desconhecidos, Iuri Rodian e Petr Zaitzev, essa obra é um quadro bastante sórdido dos costumes relaxados de uma casa para estudantes dos dois sexos. Sob o pretexto de denunciar essas desordens, a peça dá uma imagem execrável da juventude. Chocado, o público do Teatro Artístico n. 2 afasta-se dessa peça de tese.

Seguem-se dissensões. A trupe se divide em dois clãs antagonistas. Alexei Diki, adjunto de Mikhail Tchékhov, lidera o motim. Ele vai a ponto de

A VIDA DE MARIA KNEBEL

atacá-lo publicamente na imprensa, denunciando aquilo que ele qualifica como "espiritualismo", o que é considerado um pecado maior. É verdade que o chefe da trupe é um adepto da antroposofia, doutrina que explicita o laço misterioso que une no homem o corpo e o espírito. Meditação, concentração, musicalidade, atividades físicas, tais eram seus métodos de trabalho com seus comediantes. Quando os fez ensaiar um texto, acompanhando-o de exercícios de lançar balões, o copo ficou cheio. Eles se perguntavam se esse não era o comportamento de um desequilibrado.

Desestabilizado pelos ataques de que é objeto, Mikhail Tchékhov procura a salvação em uma obra clássica do repertório russo, *O Affaire*, de Sukhovo-Kobilin. Mas essa denúncia da cupidez, da corrupção e da crueldade do sistema judiciário, não é ela uma alusão oculta à situação da Rússia contemporânea? Tchékhov desempenha com convicção o papel de Muromski, velho perseguido, vítima das artimanhas e da insensibilidade dos homens da lei que devem, supõe-se, fazer justiça.

Esgotado, com os nervos à flor da pele, Tchékhov encontra-se em um estado depressivo semelhante àquele que conhecera em 1917. Ele renuncia à luta e envia sua demissão a Lunatchárski. Sensível à aflição desse artista que ele sempre protegeu, o ministro consegue, não sem dificuldade, que o autorizem a viajar para o estrangeiro a fim de descansar. Estamos no verão de 1928, Mikhail Tchékhov e sua mulher, Xénia, deixam Moscou por Berlim. Ele encontra aí uma importante colônia russa cujos membros, na sua maioria, se iludem com a possibilidade de um retorno à vida normal em seu país de origem. O que devia ser uma temporada provisória de férias se revelou ser o primeiro passo no longo caminho do percurso variado que o conduzirá até Hollywood.

Quanto à própria Maria Knöbel, sua saúde se deteriora sob o efeito da tensão, da angústia e das contínuas privações. Uma úlcera no estômago é diagnosticada. Após a operação, ela é autorizada a ir à Alemanha para a convalescença. Ela esperava, de fato, reencontrar em Berlim a serenidade. Não é sem emoção que revê essa cidade onde sua família passara muito meses em 1914, à espera de passaportes russos sem os quais não poderia retornar a Moscou por causa das hostilidades. Quantas mudanças se haviam produzido desde então!

Ela se instalou, evidentemente, no bairro "russo". Maria tinha a impressão de reencontrar sua pátria perdida. *Traktirs* (tabernas-restaurantes), pensões de família, mercearias repletas de legumes, vodca, empanadas, como nos velhos tempos! Na virada de uma rua ela dá de cara com seu velho amigo Mikhail!

Que alegria! Ele, com uma careta de prazer, a toma em seus braços. Xénia os espera, ela preparou um chá copioso *à la* russa. Maria não é a primeira a fazer a peregrinação a Mikhail Tchékhov. Ele tivera, pouco antes, a visita de Stanislávski. Toda rivalidade entre eles desaparecera. Partilhavam de uma mesma inquietação pelo futuro da arte e da cultura na Rússia e em toda a Europa. Na Rússia, afirmava Tchékhov, o teatro está morto sob a pressão do poder, e na Europa ele ainda não nasceu. Maria não acreditava nos seus ouvidos. Ela jamais pensara que o teatro podia ser mortal. Não continuava ele, apesar de tudo, a viver mesmo nas difíceis condições da União Soviética?

Tchékhov não parava de refletir sobre a evolução da arte, da literatura, do teatro. Os excessos, devidos à tormenta revolucionária, podiam ser desculpados se se tratava de pôr abaixo uma sociedade carcomida. A irrupção nas salas de espetáculos de um público novo, ingênuo e muitas vezes exigente, fora uma boa coisa. Mas era preciso agora tempo para assimilar todas essas mudanças. O país não aspirava outra coisa senão ao repouso, à prosperidade, ao trabalho construtivo. O poder era confiscado por gente de espírito estreito, por ignorantes que desconfiavam de tudo e de todos. Eles entravavam toda vontade de inovação, de independência e de liberdade. À força de não enxergar ao redor de si senão inimigos, sabotadores, conduzia a Rússia à sua ruína.

Apesar de tudo, Mikhail não estava abatido, acreditava no triunfo final da razão e da concórdia. O teatro tinha uma função espiritual, era criador de comunhão entre os homens. Ele era indispensável à vida em sociedade. Evidentemente, era a concepção mesma de Rudolph Steiner que Mikhail Tchékhov retomava por sua conta. Para ele, o ator do futuro era um sacerdote, um místico que conduzia o público de fiéis à revelação.

Nesses dois cômodos berlinenses, de mobiliário burguês, com um acúmulo de bibelôs e toalhinhas bordadas, o espírito erguia seu voo acima das contingências materiais. Era aquele seu testamento espiritual. O adeus com que se despediram estava impregnado de uma emoção contida. Daí a promessa que ela se fez de tudo fazer para perpetuar a memória de seu mestre amado. O Teatro Artístico n. 2 que ele havia dirigido se manterá até 1936, data em que será brutalmente dissolvido. Desembaraçado de seu rival, o Teatro Artístico terá a pesada tarefa de conciliar sua tradição humanista e as injunções de um poder absoluto.

A Bolchevização do Teatro Artístico de Moscou

O Teatro Artístico n. 1 continuava a ser taxado de alimentar uma hostilidade sorrateira para com o novo regime. A guinada de 1924 devia ser aproveitada para se adaptar às novas exigências, mas como se adaptar sem se renegar? A evocação do passado permite iniciar timidamente esse processo. Que melhor programa do que a exaltação dos que se opuseram ao tsarismo? Com *A Revolta de Pugatchev*, de Treniov, velho dramaturgo recém-filiado, restaura-se a figura do mujique, que fez tremer Catarina II. Era um desvio significativo em relação à peça de Smolin, criada pelo Segundo Estúdio, sobre o tema da imperatriz Elizaveta! Em seguida, será a evocação da oposição nobiliária à autocracia com a peça do crítico Kugel, *Nicolau I e os Dezembristas*.

Stanislávski oferece uma recreação montando uma obra clássica russa, *Coração Ardente*, esta obra em que Ostróvski se diverte pintando com humor a excentricidade de seus compatriotas, celebrando ao mesmo tempo a vitória do amor e da juventude. Em se tratando de repertório contemporâneo, é curiosamente a autores franceses que esse teatro se dirige, em primeiro lugar, com uma comédia então recente de Paul Nivoix e Marcel Pagnol, *Os Mercadores de Glória*. Essa crítica acerba do mundo da política é de duplo corte. O que é verdade para um país "burguês" não se reencontra na luta pelo poder à qual se assiste na Rússia? Mas um jovem autor russo, Mikhail Bulgákov, se fez notar por novelas plenas de talento. Ele confia ao teatro uma adaptação de seu romance, *A Guarda Branca*, que vem a ser publicado em Berlim.

Por certo é um título provocador que será substituído por uma denominação anódina: *Os Dias de Turbin*.

Oficiais russos da guarnição de Kiev e fiéis ao tsar estão horrorizados com as exações dos nacionalistas ucranianos e aderem sem entusiasmo às forças do Exército Vermelho quando estas fazem sua entrada na capital da Ucrânia.

O trabalho preparatório é confiado ao jovem encenador proveniente do Segundo Estúdio, Iuri Sudákov. Apesar de uma brilhante distribuição de papéis, a peça criada no outono de 1926 provoca indignação entre os críticos de "esquerda". Eles veem aí uma apologia mal velada dos inimigos da Revolução. O Glavrepertkom reclama sua interdição imediata. Embora reconhecendo que a peça não é ideologicamente despida de defeito, Lunatchárski estima que ela se resgata por suas qualidades artísticas. Stanislávski faz valer em alto e bom som o argumento de que uma interdição seria fatal para o equilíbrio orçamentário do teatro.

Jogando com os nervos do autor e do teatro, as autoridades tomam decisões contraditórias: as autorizações e as proibições se sucedem de maneira errática. Inesperadamente, é de Stálin que vem a salvação. Fascinado por uma obra que ele assistirá em várias reprises, ele vê aí, em filigrana, uma homenagem à política do Partido Comunista. Adversários "honestos" e "sinceros" aderem finalmente ao novo regime que combate para restaurar a grandeza da Rússia.

É em 1927 que o Teatro Artístico se decide a dar o passo montando uma obra que põe em cena um episódio da guerra civil. A adaptação da novela *O Trem Blindado*, escrita por um "companheiro de viagem", Vsevolod Ivanov, alterna cenas dramáticas e engraçadas no curso das quais *partisans* fazem recuar as forças fiéis ao Almirante Koltchak, que domina a Sibéria. Ilia Sudákov cerca-se de atores da jovem geração para animar esse livro de imagens em que abundam cenas de multidão bem regradas.

A peça de Vsovolod Ivanov é saudada pela crítica como um grande passo à frente na evolução do teatro soviético. Com *O Trem Blindado*, Stanislávski ganha sua aposta de tal maneira que é esse espetáculo que representará o Teatro Artístico, quando da celebração em outubro de 1927 do décimo aniversário da Revolução. Não fora preciso mais do que três anos para alcançar esse resultado.

Maria Knebel e o Teatro Artístico

Após seu retorno de Berlim, Maria Knöbel manteve-se em máxima discrição. Ela sabia que era demasiado confiante e que era preciso desconfiar até de seus amigos mais próximos. Por certo, como toda comunidade humana, o Teatro Artístico estava sujeito às intrigas e às rivalidades. Era todo um mundo, um transatlântico que tinha a bordo não menos de quatrocentas pessoas, comediantes, maquinistas, figurinistas e costureiros, marceneiros, pessoal administrativo! Não obstante os esforços conjugados dos dois diretores, o amálgama entre os antigos e os novos não se realizou facilmente. Os veteranos, como Katchálov, Lujski ou Moskvin, não encaravam com bons olhos os recém-chegados, esses jovens cooptados que tinham tudo a aprender.

O essencial não estava aí. Ela avaliava a chance que possuía de fazer parte de uma instituição ligada por todas as suas fibras às tradições da *intelligentsia*. Ela se impregnava de uma cultura teatral intacta, personificada por esses dois homens excepcionais que eram os dois fundadores do teatro. Participantes do surto cultural sem precedentes que a Rússia conhecera no começo do século XX, eles haviam feito da representação teatral uma arte por inteiro, tal como a literatura, a pintura e a música. Stanislávski fazia da formação do ator sua preocupação essencial, enquanto Nemiróvitch colocava o ator na base da encenação teatral.

Apesar de sua máscara de impassibilidade, Stanislávski era mais artista, mais sensível do que seu associado. Ele se entregava de corpo e alma à sua atividade de comediante. Encontrava aí sua razão de viver, ele que poderia ter sucumbido ao desânimo. Descendente de uma rica família de industriais espoliados pela Revolução, fora enxotado de sua mansão particular e vira-se lançado com sua família em um porão úmido e frio. Agora que, graças ao apoio de Lunatchárski, lhe fora atribuído um espaçoso apartamento, sabia que contavam com ele para provar ao mundo inteiro que a arte era florescente no país dos trabalhadores. Mas Constantin Alexêiev se roía de preocupação por seu filho Igor, que estava em tratamento de tuberculose em um sanatório suíço. Uma ferida mais profunda era a do desaparecimento de seu irmão Georges. Este se refugiara na Crimeia em 1919 e, sem dúvida, fora vítima dos massacres perpetrados em nome da Revolução por bandos armados. Apesar de todas as tratativas no mais alto nível, Stanislávski jamais conseguira encontrar qualquer traço dele. No plano político, adotou uma estratégia de contorno que lhe permite trabalhar com serenidade.

Vladimir Nemiróvitch-Dântchenko provinha de um meio muito diferente. Oriundo de uma família de oficiais, voltou-se como seu irmão Vassili para a literatura. Tornou-se um dramaturgo apreciado, formou jovens comediantes para a arte da cena no seio da Sociedade Filarmônica de Moscou. Entre seus alunos figuraram notadamente futuras celebridade como Olga Knipper e Meierhold! Possuía um grande senso político que lhe permitia fazer-se ouvir pelos novos dirigentes do país. Tinha o estofo de um grande administrador e sua habilidade foi reconhecida pelo novo poder que lhe outorgou a Ordem da Bandeira Vermelha. No plano artístico era intransigente, qualidade que o tornou um notável encenador. É a ele, mais do que a Stanislávski, que se deve a maior parte dos espetáculos do Teatro Artístico.

Ele estava, entretanto, fragilizado pelo exílio austríaco de seu irmão Vassíli, que se tornara um romancista prolífico e não aceitara a instalação de um regime revolucionário na Rússia. Somente após a sua morte, sobre-vinda em 1936, é que Nemiróvitch pôde falar sem medo. Ele usou de sua influência para defender os comediantes de sua trupe. Foi assim que obteve a libertação do filho de Katchálov, encarcerado por causa de uma impru-dência. Do mesmo modo, evitou o desaparecimento do marido da atriz Tarássova, que cometera a imprudência de combater o Exército Vermelho nas fileiras dos Voluntários...

Graças à mistura de firmeza e flexibilidade de seus diretores, O Teatro Artístico pôde-se afirmar como um bastião do humanismo no curso desses anos ensanguentados por um terror implacável. Reinava ali uma atmosfera excepcional de confiança e liberdade.

O Teatro da Revolução: Pavel Urbanovitch

Nesse meio tempo, Maria Knöbel foi pouco requisitada para o desempenho. Passava seu tempo livre com os comediantes do Teatro da Revolução. Ela sen-tiu-se logo atraída pelo charme do assistente do diretor, Pavel Urbanovitch. Maria não era insensível à sedução de seus olhos de lobo e à sua elegância natural. Seu único defeito era o de ser um tagarela impenitente. Era um inter-locutor apaixonado e apaixonante.

Originário da parte ocidental da Rússia, região que havia sofrido o açoite direto das desgraças da guerra, ele havia desembarcado em Moscou, onde ingressara no ateliê em que Meierhold ministrava seus cursos de biomecânica. Essa denominação fora tomada de empréstimo a um especialista alemão de esporte, chamado a São Petersburgo para treinar os recrutas. Tal designação correspondia de fato ao cientificismo reinante.

O método de Meierhold se compunha de exercícios complexos que visavam reforçar o senso do equilíbrio e a precisão dos gestos tão neces-sários ao comediante, tais como "Lançamento de uma Pedra", "Bofetada", "Caça". Nos trabalhos de grupo, afinava-se a relação com o ou os parceiros, em posição ativa ou passiva. O exercício da "caça" era o ponto culminante desse programa, pois mobilizava o conjunto dos alunos e exigia deles uma combinação rigorosa de gestos. Era o coroamento do trabalho de formação.

Embora obedecendo a regras estritas, esses exercícios reservavam, não obstante, um grande espaço à improvisação.

Urbanovitch permaneceu no Teatro da Revolução após a partida de Meierhold. Na escola do teatro, ele foi encarregado de iniciar os alunos na biomecânica. Estava apaixonado por esse método a cujo respeito conversava muito com Maria Knöbel. Mas ela, êmula de Stanislávski, estava pouco convencida da pertinência de um trabalho que excluía toda interioridade.

– Meu caro amigo – dizia-lhe ela –, você não acha que esse método se reduz a uma simples ginástica, a uma técnica totalmente exterior, afastada do essencial que é o fato de reviver o interior do papel? – Fazer-lhe essa crítica é nada compreender da biomecânica! Ainda que não fosse senão uma simples variedade de ginástica, que visasse apenas flexibilizar o corpo e tornar os atores amos de si mesmos, ainda assim já seria uma boa coisa.

Pavel se recusava, não obstante, a "fetichizar" aquilo que não podia, segundo ele, tornar-se um fim em si mesmo. Censurava Meierhold por ter vulgarizado e desviado a biomecânica no seu espetáculo provocador, *O Corno Magnífico*. A seu ver, Meierhold convertera essa peça em uma arma de combate para recuperar seu lugar no mundo teatral. Ele queria desfechar um grande golpe para apagar a humilhação que acabava de sofrer, quando Lunatchárski, que havia cometido a imprudência de nomeá-lo para a direção dos teatros, pusera fim a suas funções. Ele se alienara, por causa de suas maneiras ditatoriais, da maioria dos diretores de teatro. Picado na sua vaidade, Meierhold não lhe perdoava aquilo que considerava uma afronta.

Com a peça de Crommelink, ele fazia uma demonstração de biomecânica. A disputa entre Stella e Bruno era tratada sob o modelo do exercício intitulado "A bofetada". A sucessão de movimentos rápidos e de quadros mudos conferia ao espetáculo um ritmo fascinante. Servidos por atores excepcionais, nele se destacava, em particular, Maria Babanova, que foi uma Stela maravilhosa.

Aconteceu o que devia acontecer: Maria Knöbel e Pavel Urbanovitch tornaram-se marido e mulher. Isso não o impediu de exaltar a personalidade de Alexei Popov, o diretor do teatro do qual se tornara amigo. Não foi sem lhe censurar uma certa dose de cegueira. Tanto quanto Alexei Popov estava convencido da legitimidade da Revolução, Pavel Urbanovitch dava mostra de um ceticismo zombeteiro. Para ele, as coisas eram claras, os ideais da Revolução foram traídos, o país estava sob o jugo de um exército de burocratas incultos e servis. Pavel era um anarquista na tradição russa, sempre pronto a indignar-se diante das injustiças. Ele não hesitava em atacar os dirigentes, o que se tornava um exercício perigoso. – O que me irrita ao máximo – dizia ele – é a admiração que suscita o guru que dirige o país, ou antes, que o leva à catástrofe. Com sua aparência de gato bem nutrido, ele engolirá todos nós, uns após os outros!

O encontro com Alexei Popov deu-se de maneira inesperada. Causou uma forte impressão em Maria. Ela e Pavel começaram a frequentar um desses círculos de estudos marxistas que haviam sido constituídos para a gente do teatro. Seu animador era Vladimir Kemenov, titular da cadeira de estética e de história da arte do Conservatório de Arte Dramática.

Ornado de um pequeno bigode, ele pertencia à nova geração dos intelectuais formados pela Universidade Vermelha. Animado, sobretudo de uma ambição devoradora que o fará atingir as mais altas funções, foi diretor da Galeria Tretiakov, representante da URSS na Unesco e diretor-adjunto da Academia de Belas-Artes.

Para Kemenov, o marxismo era o coroamento de toda filosofia clássica. Maria Knöbel propôs-se a comentar a *Crítica do Juízo* de Kant, texto fundamental em matéria de estética. Ela se aplicou com ardor a efetuar uma exposição coerente. Mas resultou da discussão que deveria ter-se cingido a uma paráfrase do julgamento de Lênin sobre o filósofo de Königsberg: "Quando Kant admite que às nossas representações correspondem alguma coisa que nos é exterior, o númeno, ele fala como materialista. Mas quando afirma que essa coisa em si é incognoscível, ele se exprime como idealista." Essa oposição simplista entre materialismo e idealismo iria servir de base a todo o discurso ideológico imposto à nação.

Junto à larga mesa em redor da qual os ouvintes estavam sentados, encontrava-se um homem de grande estatura, olhos castanhos e rosto alongado, retrato do Cavaleiro da Triste Figura. Voltando ao seu lugar, Maria percebeu no desconhecido uma aprovação muda. Pavel lhe cochichou que era ele, era Alexei Popov, o diretor do Teatro da Revolução. No momento da saída, ele curvou seu alto corpo, a tomou pelo cotovelo e a felicitou pela clareza da exposição. Ela sentiu, a esse contato, um frêmito interior que pressagiava outros encontros.

Entre Alexei Popov e Maria Knöbel instaurou-se pouco a pouco uma grande intimidade intelectual que se poderia qualificar de amizade amorosa. A conversação tomava um giro pessoal. Chegou o tempo das confidências.

Alexei lhe falava de sua infância, uma infância ligada à terra. Ele não era bem visto por ser de origem camponesa em uma sociedade que vindicava sua extração no proletariado urbano. O camponês era cabeçudo e individualista, o que se contrapunha aos planos que visavam a uniformização da população.

A VIDA DE MARIA KNEBEL

Os camponeses eram apresentados como esfaimadores e, ademais, constituíam os pilares da fé ortodoxa que se opunham ferozmente ao ateísmo militante.

A família de Alexei pertencia à igreja dos Velhos Crentes, esse ramo da ortodoxia por muito tempo perseguido, pois considerado herético. Reinava entre os Velhos Crentes o mesmo espírito de rigor e de honestidade que na família de Maria Knöbel. Ambos, ela e Alexei, eram sedentes de justiça e viam no teatro um meio de operar a salvação do próximo.

Eles haviam sido seduzidos, um e outro, pelas promessas de um mundo novo que libertava os oprimidos. Mas logo foi preciso perder as ilusões: em nome da verdade florescia a mentira, em nome da honestidade o logro, em nome do humanismo o terror. As liberdades proclamadas após a Revolução de Fevereiro eram pisoteadas. O humanismo era condenado ao ostracismo.

O trabalho encarniçado lhes permitia esconder sua sensibilidade de escorchado, que é o quinhão de todo verdadeiro artista. O trabalho que eles se esforçavam em ocultar. Em uma sociedade que encorajava a delação, podiam falar de coração aberto, interrogavam-se sobre a sorte da cultura em uma conjuntura em que o poder político se fazia cada vez mais pesado. Nesse combate desigual, a cultura nada podia fazer senão inclinar-se.

Maria nunca fora mais feliz do que no seio dessa cálida atmosfera em que o amor de Pavel não ficou em nada diminuído pela amizade de Alexei. Os dois homens se entendiam bem e Maria desabrochava a seu contato.

Do Estúdio Ermolova ao Teatro Ermolova

Seu ofício de comediante não lhe proporcionava todas as satisfações que ela esperava dele. Desde sua entrada no Teatro Artístico, não fora senão raramente empregada em papéis de composição bastante limitados. Os dois compadres entenderam-se a fim de abrir para Maria Knöbel um outro campo de atividade, o da *mise-en-scène*.

Quando abordaram o assunto, chocaram-se com um não categórico.

– Me lançar na encenação, eu? Eu não teria realmente capacidade para isso. Popov tentou tranquilizá-la:

– O que conta antes de tudo é uma boa cultura teatral, você a tem, o senso do humano e a finura de análise, você também os têm.

– Eu os observei bem – retomou ela. – Vejo diariamente em trabalho os Stanislávski, os Nemiróvitch, os Sudákov. Eu sei que me falta a autoridade necessária nesse ofício. Além disso, um encenador deve, desde o início, ter uma visão de conjunto da peça, algo de que sou de fato incapaz. Francamente, não. Assim como os poetas, os encenadores são uma raça à parte. E depois, é um ofício de homem, que exige as qualidades de um chefe de guerra.

– Não se preocupe com isso – disse Alexei –, nós viremos em sua ajuda, Pavel e eu. Nós lhe explicaremos como proceder. Fie-se nos trunfos que são os seus. O resto virá por si mesmo, estou seguro disso.

– Não e não. Eu me conheço. Gosto de ficar na sombra. Nunca serei capaz de impor minha visão a uma trupe de comediantes...

– É de fato uma pena. Mas reflita sobre a minha proposta.

Algum tempo depois, fica-se sabendo que um teatro de amadores procura um animador. Popov fala disso a Maria.

– Não é muito complicado, trata-se simplesmente de ajudar estudantes a criar seu clube de teatro. Pavel irá acompanhá-la e você terá apenas que observá-lo atentamente.

– Difícil resistir a essa proposta lisonjeira e que não compromete nada.

Chegado o dia, os dois artistas se dirigem ao Instituto de Construções Elétricas de Moscou onde são acolhidos pelo diretor em pessoa. Traje bem cortado, destoado pela ausência de gravata. Refrescos, suco de frutas, biscoitos e doces. O diretor espera que essa atividade artística eleve o nível cultural de seus estudantes. Quando é inteirado de que Maria Knöbel é comediante no Teatro Artístico, declara-se muito lisonjeado.

Na sala de teatro improvisada, jovens entusiastas, com os olhos brilhando de impaciência, cercam os recém chegados. Pavel toma o assunto em mãos. Ostróvski, esse clássico do teatro russo, tem o apoio deles. Mais surpreendente é a escolha da peça *Ne Bilo ni Groscha, da Vdrug Altin* (Nenhum Groschen no Bolso e de Repente Três Copeques)[4]. É uma obra de pouca representação, mas cheia de linguagem saborosa e repleta de piscadelas sobre a atualidade.

Pavel efetua um esquema de distribuição de papéis. Reúne os intérpretes em torno de uma mesa e cada um lê em voz alta suas réplicas. Súbito, olha para seu relógio e anuncia que tem de partir, mas que sua camarada vai substituí-lo. Maria está furiosa, mas não pode furtar-se. Contrariamente ao que

---

4 *Groschen*: moeda de pouco valor, centavo; *kopek*: centésima parte do rublo. (N. da T.)

A VIDA DE MARIA KNEBEL

ela temia, a tarefa não é complicada: os estudantes manifestam grande espírito de seriedade e alguns já têm mesmo o sentido do papel. Eles a ouvem atentamente.

Ao voltar para casa, ela compreende que os dois compadres tinham armado a coisa! No fundo de si mesma, ela lhes era grata pela iniciativa de lhe abrirem um mundo desconhecido. No dia do ensaio geral, toda a trupe do Teatro da Revolução estava aboletada nas primeiras fileiras. Foi uma ovação. Alexei Popov levantou o punho da vitória. Quando serviram o bufê organizado pelo diretor do Instituto, Maria foi muito cercada.

Ela foi abordada por Maxim, que fazia parte da trupe do teatro. Ela se lembrava de seu desempenho no papel muito físico de Tarelkin, personagem da peça de Sukhovo-Kobilin, montada por Meierhold em um estilo excêntrico[5]. Dando as costas às concepções tradicionais que não viam nesta obra senão uma sátira política datada, o encenador alargara o entendimento da obra para dimensões de um universo totalitário que lembrava as visões dantescas do Inferno. Tarelkin tornara-se, sob os seus dedos, uma personagem kafkiana, cômica e lastimável ao mesmo tempo.

Depois dessa experiência desafiadora, Terechkovitch preferira voltar para o seu teatro de origem. Transbordando de energia, ele explicou a Maria Knöbel que tinha um projeto de criar um ateliê, uma espécie de estúdio teatral. Queria dar chance a jovens comediantes. Gostaria de saber se Maria não estaria interessada em participar de seu projeto. Muito surpresa com essa proposta, ela não sabia o que responder. Terechkovitch, porém, era convincente, e ela aceitou a proposição. Foi desse modo que acabou chamada a participar da direção do Estúdio Ermolova, assim denominado em honra à grande comediante que havia brilhado no começo do século. Apesar de situado em local distante do centro da cidade, esse pequeno teatro atraía um público de jovens. Por ocasião da noite inaugural, Terechkovitch declarou: "Nós colocaremos o acento no ator vivente, rejeitando as invenções 'abracadabrantes', as encenações de efeito, sem por isso nos impedir de recorrer à novidade." Em suma, um justo meio entre o reviver de Stanislávski e os atrevimentos de Meierhold.

O Estúdio Ermolova foi um trampolim extraordinário. Tomado por suas atividades de comediante, Terechkovitch confiou a Maria Knöbel uma grande parte do trabalho de direção, mas, sobretudo, ela ficou encarregada da formação

---

5   Referência ao excentrismo, estilo de encenação do FEKS (Fábrica do Ator Excêntrico) proposto por Gregori Kozintzev, Serguei Iutkevich, Serguei Eisenstein e outros. (N. da T.)

dos jovens comediantes. Sua primeira realização foi uma peça francesa reputada por seu ritmo acelerado, *A Arte de Conspirar*, de Eugène Scribe. Não se podia excluir as segundas intenções políticas. Não caberia concluir, a partir dessa obra, que os políticos são os mesmos sempre e em toda parte? No entanto, o *Pravda* dedicou um artigo elogioso à atividade desse "pequeno teatro que, a despeito de uma trupe ainda pouco experiente, havia proporcionado um espetáculo de qualidade e de bom gosto".

Um jovem ator, Alexei Arbussov, havia confiado ao Estúdio uma peça intitulada *Um Longo Caminho*, em que ele colocava em cena, com frescor e autenticidade, jovens que se exprimiam em uma linguagem que soava verdadeira. Esse foi o primeiro trabalho de encenação de Maria Knöbel. A peça foi representada por ocasião do x Congresso do Komsomol (Juventudes Comunistas), tendo sido bem acolhida pelo público. Esse primeiro contato com personagens mal saídas da adolescência foi premonitório para Maria Knöbel. Muitos anos mais tarde, tornando-se diretora do Teatro Central Para a Juventude, recordou-se de Arbussov com quem estabelecera laços de amizade.

Sempre à espreita de textos pouco conhecidos, o Estúdio Ermolova se entrega a uma obra que oferece papéis com contornos bem delineados. É *A Madrasta de Balzac*, rica em situações dramáticas, que se tornará um espetáculo farol do Estúdio onde permanecerá muito tempo em cartaz.

Em 1937, a celebração do vigésimo aniversário da Revolução mobilizou todos os teatros. Evidentemente, era preciso mostrar-se à altura do evento. O Estúdio Ermolova pôs em trabalho duas peças com ressonância revolucionária: *Os Últimos*, de Górki, e *Tempestade* (Storm), de Bill-Belotserkovski. Sombria e tagarela, a peça de Górki é uma espécie de psicodrama familiar que oferece aos comediantes papéis favoráveis. A personagem principal é o chefe de polícia de São Petersburgo na época tsarista. Este manda prender um jovem que ele suspeita ser um terrorista. A despeito dos rogos da mãe do condenado e das objeções de uma parte de sua família, ele é enviado ao pelotão de execução. Mas a decisão do chefe de polícia causa debate no seio de uma família política e moralmente dividida, uma parte da qual se indigna desse recurso a uma cega repressão. Dirigido por Maria Knöbel, o preparo do espetáculo ficou pronto desde o mês de junho.

Quanto à peça de Bill-Belotserkovski, ela glorificava os marinheiros bolcheviques que se haviam distinguido durante a Guerra Civil. O autor se tornara célebre por uma carta endereçada a Stálin, na qual ele se indignava com o número de peças contrarrevolucionárias que continuavam a ser autorizadas.

O secretário geral do Partido se atribuiu o mérito de defender a moderação. Até dramaturgos e encenadores que não refletiam a linha do Partido podiam contribuir, mesmo que não fosse diretamente para a glória do regime.

Convidado pelo Teatro de Câmara de Taírov para desempenhar o papel principal na peça de Górki, *Os Filhos do Sol*, Bill-Belotserkovski confiou a encenação de *Tempestade* ao seu amigo Azarin (russificação de Azari). Antigo astro do Teatro Artístico n. 2, Azarin vegetava desde o fechamento do teatro em 1936. Era um ser extremamente agradável que criava ao seu redor uma atmosfera de serenidade e de concórdia. Fazia parte da fraternidade judaica dos Messurer de Vilno: sua irmã Raquel era atriz do cinema mudo, seu irmão Assaf e sua irmã Sulamita eram dançarinos do Bolshoi. A família pagou seu tributo à onda de terror do ano de 1937. Então, são presos e executados seu irmão Mattani, seu primo e depois seu cunhado Mikhail Plissetski, o marido de Raquel. Sua filha Maia, que se tornaria bailarina famosa, foi salva por um triz da deportação.

O Estúdio Ermolova foi golpeado pela desgraça... Embora não contasse ainda quarenta anos, Terechkovitch sucumbe em fevereiro devido a uma crise cardíaca! Suas exéquias civis são celebradas no próprio palco do Estúdio. Cantores e músicos da Pequena Ópera de Leningrado rendem homenagem àquele que havia montado em seu tablado a ópera de Ivan Djerzinski, *O Dom Silencioso*, que obteve um grande êxito. Foi, por certo, impossível comunicar a triste notícia a seu irmão caçula, Constantin Terechkovitch, célebre pintor da Escola Russa de Montparnasse.

O 30 de setembro de 1937 é um novo dia de consternação. Azarin sucumbe por sua vez. Com o desaparecimento de seu animador, o Estúdio conhece um período de crise. Encetam-se conversações com o comediante Nikolai Khméliov que criou, por seu turno, um outro estúdio. Maria, que reencontra com prazer seu condiscípulo na escola do Segundo Estúdio, entende-se com ele para criar um verdadeiro teatro unindo as forças dos dois estúdios. Este será o Teatro Ermolova.

É verdade que, supersticioso, Khméliov treme ao se perguntar se ele não se arriscava em partilhar da sorte de Terechkovitch e de Azarin. Como se verá na sequência, o futuro lhe dará razão.

Pouco a pouco, o Teatro Ermolova estava inteiramente sob o domínio de Khméliov. Seus antigos alunos tendiam a olhar de cima para os fiéis de Terechkovitch, que se voltavam então para Maria Knöbel, que os defendia. O choque dessas duas fortes personalidades era inevitável. Nikolai Khméliov tinha um temperamento autoritário e continuava sendo um partidário incondicional do sistema tradicional de Stanislávski, ao passo que Maria Knöbel só jurava pelas últimas descobertas do Mestre. Apesar das relações de amizade existentes entre ambos, ele a considerava uma diletante. O Teatro Ermolova precisava superar ainda numerosas dificuldades antes de se afirmar na paisagem teatral moscovita com sua especificidade.

Em consequência de denúncias cuja origem permanece ainda obscura, a trupe foi logo dizimada por uma série de prisões. A atmosfera era pesada: Bukharin e Rikov foram condenados à morte sob a acusação de terem constituído um "bloco antissoviético de trotskistas de direita". No dia 18 de março de 1938, Mikhail Unkovski, que encetava uma brilhante carreira no Teatro Ermolova, foi deportado para o Grande Norte, onde morreu com os pés congelados. Alguns meses mais tarde, foi a vez de sua esposa, Evdokia Urussova, melhor atriz do teatro. Seu crime era a de ser descendente de uma família aristocrática. Como isso sucedeu a muitos antigos deportados, ela havia de ser presa uma segunda vez em 1949. Isso se passou na plataforma da gare de onde ela devia partir em turnê com a trupe de teatro. No total, Evdókia passou dezoito anos de sua vida em campo de concentração e depois em desterro. Por milagre ela voltou a Moscou e pôde reatar com sua carreira de comediante.

A Turnê a Paris do Teatro Artístico em 1937

Em 1937, Maria Knöbel ascende, finalmente, ao *status* de comediante "titular". Ela recebe um segundo papel, o de Mme Gornosteva, na peça de Treniov, *Liubov Iarovaia*. Situada no quadro da Guerra Civil, essa obra celebra o engajamento político de uma moça que chega a sacrificar seu marido, considerado como um inimigo, porque ele não partilha de suas convicções.

No momento em que o torniquete se fecha sobre os teatros, o Teatro Artístico afigura-se como privilegiado. Um acontecimento capital se prepara, e se cochicha nos bastidores que ele fora designado para representar a URSS em Paris. A Exposição Internacional de Artes e de Técnicas na Vida Moderna, que irá desenrolar-se no mês de agosto, comporta uma janela teatral. A decisão do governo soviético será comunicada oficialmente por ocasião de uma esplêndida recepção nos salões cerimoniais do Kremlin.

Cuidando de sua imagem de protetor das artes, Stálin dá prova de munificência. O teatro inteiro, quase quatrocentas pessoas, é convidado para a bela sala São Jorge, banhada de luz. A recepção tem alguma coisa de feérica. Os grandes lustres de cristal brilham com todas as suas lâmpadas, enquanto sobre as longas mesas cobertas de toalhas brancas estão dispostas vitualhas cuja lembrança fora perdida há muito tempo. Postas de esturjão, de salmão, patas de caranguejo, *sterlets*[6], *rondelles* de salsichão, fatias de presunto, pepinos, queijo e, sem dúvida, caviar negro e brilhante. Isso sem falar das bebidas: vodca, champanhe e vinhos da Crimeia e da Geórgia! É um sonho desperto! Enquanto a população conseguia apenas se alimentar de repolho murcho, batatas geladas e raízes. A trupe do Teatro Artístico fazia parte dos privilegiados. Contudo, é preciso merecer os privilégios!

Mas antes de poder precipitar-se na direção desse bufê opulento, cumpre sacrificar ao rito dos discursos. Stálin toma brevemente a palavra. Ele ama o estilo lapidar dos chefes militares. Em lugar do homem imponente e mesmo sedutor cuja imagem se espalha por toda a parte, Maria não acredita nos seus olhos: ela vê um homem de pequena estatura, empacotado em seu uniforme, de cor amarelada, de faces bexigosas, de braço anquilosado. Maria Knöbel, que está a dois passos dele, fica dividida entre o terror e o riso.

O Secretário Geral do Partido anuncia oficialmente que o Teatro Artístico terá a honra de representar a União Soviética em Paris. O teatro deve estar consciente da honra que lhe é feita e da responsabilidade que lhe cabe em sua qualidade de embaixador da pátria do socialismo. Ele põe o seu auditório em guarda contra as provocações, que não faltarão de parte dos inimigos do socialismo, e ele conclama todo mundo a manter a máxima vigilância. Em nome do Partido e do governo, ele concede ao Teatro Artístico a Ordem de Lênin.

Stanislávski e Nemiróvitch tomam então a palavra. Conforme o roteiro previsto, eles exprimem, um e outro, seu reconhecimento ao "secretário geral do Partido Comunista que conferiu ao teatro de Tchékhov e de Górki uma distinção imerecida da qual ele saberá se tornar digno".

Os convidados sentam-se agora às mesas onde a fartura tem algo de insolente. Vê-se os dirigentes conversar com simplicidade com grupos de interlocutores. Stálin prefere passear sozinho, com um braço atrás das costas, o cachimbo na boca, vestido com sua túnica militar. De repente, seu rosto se ilumina. Acaba de perceber a bela Liubov Orlova. Ela acaba de provar, em *Os Alegres Rapazes,*

---

6   Pequenos esturjões. (N. da T.)

que Moscou pode rivalizar com Hollywood. Seu marido, o cineasta Grigori Alexandrov, antigo assistente de Eisenstein, conseguiu realizar uma comédia musical à russa. Stálin se aproxima maliciosamente do casal. É público e notório que se trata de um casamento de fachada, pois Alexandrov corria o risco de ter aborrecimentos devido a sua orientação sexual. Os dois artistas depositam precipitadamente a taça de champanhe que eles têm em mãos. O anfitrião enceta com Orlova uma conversa amistosa. Subitamente aponta um dedo para Alexandrov e pergunta a Orlova: – Ele ao menos não a importuna?

Embaraçada, Orlova responde em um tom bem-humorado:

– Ó, isso lhe acontece às vezes, mas raramente.

– Diga-lhe que se ele a importunar, nós o suspenderemos!

Alexandrov exclama:

– Eu serei suspenso? Como isso, suspenso?

– Pelo pescoço, naturalmente – responde-lhe Stálin galhofeiro, que saboreia seu efeito antes de retomar sua caminhada de mesa em mesa.

Sob a máscara de Stálin, vê-se aparecer o rosto de Djugachvili, o matreiro montanhês georgiano. Como se pode duvidar disso, se não foi senão alguns anos mais tarde que os pormenores dessa conversa foram revelados...

O terror continua a grassar: pouco antes de a trupe ir para Paris, o exército é dizimado, a começar pelos oficiais superiores, entre os quais o Marechal Tukhachevski. Mas o Teatro Artístico é miraculosamente poupado. Ele é cumulado de honra. No entanto, a turnê fará uma vítima colateral, Mikhail Arkadiev, diretor administrativo do teatro. Pouco depois de sua chegada à França, a trupe fica sabendo de sua destituição. O que pôde motivar uma decisão tão grave com respeito a um comunista influente, que havia sido encarregado pelo Comitê dos Assuntos Artísticos de vigiar e de controlar uma trupe às vezes indócil? Para a estupefação geral, soube-se que ele fora a vítima de *Bóris Godunov.*

"Bóris Godunov" Subversivo

Eis o que se soube. Nemiróvitch desejava muito apresentar a peça de Púschkin montada para o centenário da morte do poeta, assassinado em duelo. Em uma longa carta endereçada a Molotov, presidente do Conselho de Ministros (Sovnarkom), Arkadiev se fizera advogado do diretor do teatro. Persuadido de

A VIDA DE MARIA KNEBEL

haver obtido a permissão das autoridades para o programa da turnê, Arkadiev comunica seu teor por ocasião de uma conferência de imprensa em Paris. Às duas obras do século XIX, *Bóris Godunov* e uma adaptação de *Anna Karenina*, deviam suceder duas peças contemporâneas, *Os Inimigos*, de Górki, e *Liubov Iarovaia*, de Treniov. Arkadiev é imediatamente contradito por Platon Kerjentsev, o presidente do Comitê dos Assuntos Artísticos. O caso sobe até o Politburo, que toma uma decisão tão severa que parece fora de propósito no caso em jogo: "Por haver dado por duas vezes uma informação errônea sobre a turnê do Teatro Artístico em Paris, por ter-se deliberadamente oposto às decisões do governo, fica decidido dispensar Arkadiev de suas funções de diretor do Teatro Artístico."

Penalizado por uma dura censura, ele tem de deixar imediatamente suas funções. Alguns meses mais tarde, será acusado de espionagem em favor da Polônia (por causa de *Bóris Godunov*?), condenado à morte e executado.

O arbítrio do chefe todo-poderoso prevalecia sobre qualquer outra consideração. Stálin não podia aceitar uma obra em que um tsar era punido por um crime que ele teria cometido. Além disso, não podia suportar a oposição entre uma Rússia atrasada, dilacerada entre facções rivais, e uma Polônia de costumes europeus, toda ornada do brilho da civilização e da cultura. Para respeitar sua vontade, a peça foi definitivamente retirada do programa. Tarde demais para ser substituída.

Nessas condições, Nemiróvitch se perguntava se ele não tinha sido demasiado audacioso com a escolha de uma adaptação de *Anna Karenina*, de Tolstói, que se desenrolava no meio da aristocracia tsarista. Mas, dotado de um grande faro político, o encenador compreendera que se encontrava diante de uma virada ideológica. Stálin decretara que não havia mais ruptura radical entre a Rússia imperial e a União Soviética. Será de admirar a habilidade com a qual Nemiróvitch expõe sua visão crítica do ambiente em que está imersa sua heroína:

> Eu desejaria que aparecesse de pronto, desde o levantar da cortina, esse fundo, essa atmosfera, essas formas solenes santificadas pelo cetro e pela Igreja... Sobre esse fundo, ou antes nesta atmosfera, acende-se a chama da paixão. Arrebatados por uma força impetuosa, Ana e Vronski sufocam, a ponto de ter náuseas, no ambiente do ouro dos uniformes, do fulgor dos oficiais da Guarda, das pesadas casulas do clero, dos ricos adereços de rainhas de beleza com decotes profundos... toda a podridão oculta desse meio tão solene. Eu quero realizar um espetáculo teatral digno desse nome, e não uma pálida adaptação do romance.

Na ocasião da *première*, as mais altas autoridades do país, Stálin à frente, exprimiram sua satisfação. A causa estava ganha.

A Acolhida de Paris

No mês de agosto de 1937, a trupe chega a Paris. Acompanhado de sua esposa, Nemiróvitch fugia das mundanidades. Como previsto, ele havia lembrado a todos que deviam evitar os menores contatos com os emigrados russos.

A luta de morte que em breve incendiaria a Europa era ilustrada pela defrontação arquitetônica de dois pavilhões, o da URSS e o do Terceiro Reich, face a face, cada um de um lado do Sena. O pavilhão soviético abria-se com a colossal estátua do operário e da camponesa, perdão, da *colcoziana*, obra monumental de Vera Mukhina. Reencontrava-se aí o estilo linear de Bourdelle, cujo ateliê ela havia frequentado. A diferença com o baixo-relevo de Ana Golubkina sobre a fachada do Teatro Artístico, cuja fluidez e harmonia traíam a influência de Auguste Rodin, testemunhava a distância que separava duas épocas melhor do que qualquer discurso.

A águia nazista alçava na outra margem suas asas ameaçadoras. Confrontação muda entre dois regimes rivais. Enquanto a União Soviética arvorava o semblante de um povo amante da paz, a Alemanha nazista afixava o culto da força. A aviação alemã acabava de inaugurar em Guernica sua estratégia de aniquilamento das populações civis. E isso não era senão um prelúdio.

Para se mostrar à altura da missão que lhes era atribuída, os comediantes foram obrigados a multiplicar seu trabalho de ensaios. A tarefa do Teatro Artístico era clara. Tudo era sacrificado à propaganda. As relações com a França estavam marcadas pela desconfiança, sobretudo após as palavras de André Gide depois de seu regresso da Rússia. Era preciso reverter a corrente reacionária que parecia prevalecer na França.

Na primeira noite, a sala da Comédie des Champs-Elysées, com seus 750 lugares, estava lotada. O *Tout Paris* manifestava sua curiosidade por uma trupe que causara forte impressão desde sua passagem em 1922. Distribuiu-se uma luxuosa brochura de informação, editada em Moscou, que comportava o resumo em francês das obras no programa. Na introdução, o respeitado crítico Pavel Markov mostrava, com o apoio de estatísticas, o lugar eminente da arte teatral na União Soviética. Mas havia uma particularidade que não escapava a um olho atento. Ao passo que quinze anos antes os programas eram redigidos em nome do Khudojestvenni Teatr (Teatro Artístico de Moscou), sob a direção de Stanislávski, os redatores da brochura sacrificavam a atualidade e fantasiavam o teatro com títulos pomposos: "Teatro Acadêmico de Arte M. Górki da URSS condecorado com a Ordem de Lênin". O que podia significar a Ordem de Lênin ao espectador francês e a qualificação de Acadêmico, sem contar o nome de Górki atribuído ao teatro? E por que se falava agora de Teatro de Arte em vez de Teatro Artístico? Simples vontade de sublinhar a mudança operada pelo novo regime?

A crítica não foi suave, sobretudo a proveniente da imprensa russa de Paris. Aqueles que haviam conhecido o Teatro Artístico em seus inícios não podiam deixar de sentir-se chocados. Não podiam impedir-se de fazer a comparação com o Teatro Artístico em seu começo. O poeta e escritor Vladislav Khodassievitch, que havia deixado a Rússia em 1921, consagrou à turnê dois artigos de fundo no diário de língua russa *Vozrojdenie*, (A Renascença). Embora afirmando "que cumpria reconhecer o lugar desse teatro na história do teatro e da cultura russas", ele fustigava, particularmente, as duas peças de propaganda: o drama de Górki era tão simplista que provocava o riso do público, enquanto *Liubov Iarovaia*, apresentada como um modelo da dramaturgia soviética, era pura e simplesmente uma impostura. Restou *Anna Karenina*. A reação negativa que esse espetáculo-farol suscitou não deixou de surpreender a trupe. Um dos críticos afirmou que a bela Tarassova, tão admirada na Rússia, tinha "uma voz gritante que não corresponde à da aristocrata refinada do romance". Somente um comediante como Nikolai Khméliov encontrava graça aos olhos do público. Mas ele conferia tal relevo à sua personagem Alexei Karenin, que o equilíbrio da obra se via falseado.

Na sua ignorância sobre o teatro e sobre as realidades russas, certos críticos franceses tentaram estabelecer paralelos. A professora Liubov Iarovaia, convertida ao bolchevismo, lhes fazia pensar em Pauline de *Polieucte*, convertida ao cristianismo! Contrassenso revelador. Como de hábito, a imprensa soviética travestia a realidade. *Vetchernaia Moskva* (Moscou Soir) [Diário da Noite de Moscou] afirmava, sem a menor vergonha, que todas as representações se achavam lotadas, o que estava longe de ser exato. Após o sucesso de curiosidade da estreia, o público se fazia cada vez mais raro. É verdade que se estava no mês de agosto, período de férias.

Uma Exigência de Nemiróvitch

Maria Knöbel sonhava, como seus colegas, em passear na capital da qual sabia tudo graças a suas leituras. Mas foi impedida de uma maneira inesperada. Ela desempenhava, conscienciosamente, um papel de composição sem relevo, o de Mme Gornosteva, personagem de *Liubov Iarovaia*, caricatura de pequeno-burguesa insensível aos sofrimentos do povo. Mas Nemiróvitch não estava satisfeito com seu desempenho. Apesar da cortesia da qual não se desarmava nunca, ele a censurava por ela não dar suficiente relevo à sua personagem. Lá onde Stanislávski a teria criticado por fazer demais, Nemiróvitch julgava que ela não fazia o bastante. A observação é definitiva. A esta declaração, Maria sente-se arrasada. Nemiróvitch a abraça e a deixa deprimida no seu camarim.

Foi então que ela pôde medir a generosidade de Khméliov. Testemunha da cena, ele se propõe a ajudá-la e a rever com ela todo o papel. Renuncia por isso à visita ao castelo de Chantilly, à qual a trupe é convidada.

Maria Knöbel passou, portanto, a maior parte do tempo em seu camarim e no palco. Ela mal pôde efetuar alguns passeios pelas margens do Sena. Indiferente às construções grandiosas e aos movimentos da multidão em seus cais, o rio fluía tranquilamente sob o sol ardente do mês de agosto. Maria pôde, quando muito, contemplar longamente a ponte Alexandre III cujas curvas, douraduras e lampadários lavrados lembravam-lhe São Petersburgo.

A trupe, entretanto, estava consternada por causa da frieza do público francês. É preciso dizer que este, por sua vez, sentia-se decepcionado. O Teatro Artístico não perdera sua alma? Não era mais aquele templo do humanismo, aquele baluarte da inteligência contra os poderes que fora na sua criação e que suscitara o fervor do público culto na Rússia e no estrangeiro. Uma tradição artística bem estabelecida, fundada na verdade humana, se encontrava esclerosada e ressecada. Tentou-se meter nos pés de Stanislávski e Nemiróvitch os borzeguins do realismo socialista. Eles passaram a andar com as pernas travadas.

No seu retorno de Paris, a submissão do Teatro Artístico às injunções do regime duplicou. Sua contribuição às celebrações do vigésimo aniversário da Revolução foi significativa. Tratava-se da adaptação cênica do romance *Solidão*, de Nikolai Virta, sob o título *A Terra*. No desejo de que lhe perdoassem suas origens, o autor redobrava o servilismo. Ele apresentava sem pejo a revolta camponesa da região de Tambov como uma *jacquerie* fomentada pelos camponeses ricos, os *kulaks*, contra o povo. Ora, o pai de Virta, um eclesiástico, fora vítima da repressão sangrenta que se seguira. Esse espetáculo de propaganda fora confiado a Leonidov que, malgrado seus escrúpulos, foi obrigado a fazer o melhor possível. Esse travestimento da verdade era mascarado pela qualidade da encenação e pela autenticidade do jogo de atores formados no método de Stanislávski. É assim que Nikolai Khméliov fez, uma vez mais, uma demonstração de seu talento no papel de *kulak,* fomentador de perturbações.

O teatro, entretanto, tentava se resgatar a seus próprios olhos, voltando de algum modo às fontes. Ele retomou o espetáculo que fizera sonhar toda uma geração quando de sua criação em 1908, *O Pássaro Azul,* de Maeterlinck. Nessa busca de ventura, o inacessível pássaro não é senão um pretexto para uma meditação sobre o sentido da vida. Mas, trinta anos depois, a magia não era mais perceptível para um público confrontado com o triunfo do infortúnio. Para Maria Knöbel, porém, constituíra um verdadeiro prazer encarnar essas personagens episódicas, mas pitorescas, que eram a Vizinha Berlingot, a Criança a nascer ou o Reuma do cérebro.

Nemiróvitch se animou e se propôs a montar *A Cabala dos Devotos,* de Mikhail Bulgakov. Sob o biombo das disputas de Molière com os falsos devotos e o poder real, o autor denunciava, nessa obra, a situação de dependência a que estavam condenados os artistas da União Soviética. Nemiróvitch se chocou com a recusa categórica de parte do Comitê do Repertório. Seria necessário esperar vinte anos para que o público pudesse tomar conhecimento desse arrazoado em favor da liberdade da arte.

Alexei Popov, do Teatro da Revolução...

Alexei Popov é nomeado para a direção do Teatro da Revolução em 1931. Sua ambição era a de criar um teatro popular que não sacrificasse a qualidade. Ele encontra nas peças de Nikolai Pogodin um entusiasmo revolucionário de bom quilate que responde às suas preocupações do momento. Esse antigo jornalista descobre em si uma vocação de dramaturgo. Alexei Popov monta sua primeira peça, *O Poema do Machado,* que obtém grande sucesso público. Esse foi o início de uma colaboração pontuada por uma sucessão de peças obreiristas, *Meu Amigo* seguida de *Após o Baile.* Em *O Poema do Machado,*

Stéphan é um operário com intuições geniais, mas incapaz de concretizá-las por falta de método e de conhecimentos técnicos. Quando Maria Babanova, que se tornou a coqueluche do público, aparecia, numa curta cena, vestida de uma blusa desajeitada e com a cabeça coberta por um lenço colorido de onde escapavam seus cachos loiros, o sucesso estava assegurado. Raio de luz na realidade lúgubre de uma fábrica, ela se punha a dançar para seu marido desesperado.

Alexei Popov era considerado o melhor praticante do realismo socialista no teatro. Ele conseguia revestir, com uma encenação inventiva, as peças esquemáticas de Nikolai Pogodin. Contrariamente ao que ele pensava, o público operário não ficava tão extasiado em rever seu cotidiano no palco.

Popov decidiu então montar uma peça de repertório, *Romeu e Julieta*. Qual estimulante melhor do que celebrar a força do amor e da paixão, sublimando a violência das lutas familiares e políticas? Mas, movido pela utopia democrática, Popov comete o erro de soltar a rédea para os comediantes. As estrelas do elenco, entre as quais Babanova, a quem ele confiou o papel de Julieta, tomaram o poder, censurando Popov por sua falta de rigor. Ela lamentou a ausência da mão de ferro de Meierhold!

Ao cabo de dois anos de trabalho, a montagem da peça não ficava pronta nunca. Cansado de batalhar com uma trupe rebelde, ele apresentou sua demissão e não assistiu à *première*, que ocorreu em maio de 1935.

Com seus ares de cavaleiro da Idade Média, ele não tinha o brilho de um Meierhold, nem a imaginação de um Taírov, mas rivalizava sem esforço com os Zavádski, os Okhlopkov e os Gontchárov, que repartiam entre eles o favor do público e das autoridades. Longe de infamar o Teatro Artístico, expressava, ao contrário, um grande sentimento de reconhecimento por essa casa onde dera os primeiros passos de sua carreira. Opunha-se a toda forma de extremismo. A confiança que concedia às autoridades de tutela o desserviu. Daí se concluiu que ele estava completamente enfeudado à ideologia dominante. É isso, sem dúvida, que explica o esquecimento em que caiu após sua morte.

Ele havia passado muitos anos em um teatro de província, em Kostroma, onde criara um público fiel de funcionários, de artesãos e de camponeses. Ele não esquecera que os operários, ponta de lança e justificação do novo regime, não eram senão camponeses desarraigados. Era para esse público popular que ele construía seus espetáculos.

A província era um campo de experiência apaixonante, representativo da Rússia real, no momento em que a capital se povoava de desclassificados que ocupavam todas as engrenagens da administração, da polícia e do exército. À sua chegada a Moscou, precisou trabalhar para esse novo público, mas igualmente para o que sobrara da *intelligentsia*.

Pavel Urbanovitch, seu assistente, tinha grande admiração pelo encenador. No entanto, não podia impedir-se de julgá-lo demasiado ingênuo em face das autoridades. Pavel via nos novos dirigentes um monte de invejosos e incompetentes, ávidos de posições e de poder. A criação artística pertencia a uma outra ordem de realidade. Ele nada tinha a ver com a pertença de classe. Comprazia-se na denegação. Destruía-se pouco a pouco. Seu dia começava com um pequeno copo de álcool. Colocava a seu lado, sobre a toalha oleada da cozinha, sua garrafa de Moskovskaia e a esvaziava conscienciosamente, comendo pepinos aos bocadinhos, pão preto e biscoitos de trigo sarraceno. Na cozinha, falava-se livremente, pois acreditava-se, com ingenuidade, que o vozerio impedia os aparelhos de escuta de captar as conversas.

Quando o alegre bando de amigos do teatro fazia sua aparição, Pavel saía de seu torpor. Ele seduzia por sua volubilidade entrecortada, é verdade, por longas fases de mutismo. Permanecia então em silêncio, com um cigarro se consumindo entre seus dedos amarelados. Quanto a Maria, ela não conseguia resistir ao charme de seus olhos lavados pelo álcool.

Com respeito a Alexei, a situação conflituosa que ele acabava de viver havia seriamente atingido sua moral. Estafado, abalado no mais fundo de si próprio, ele não podia compreender a atitude de sua trupe. O abandono desse teatro, ao qual dera tanto de si mesmo, lhe pesava. Ele se internou no hospital para cuidar de uma séria depressão nervosa. O repouso e o apoio de seus amigos e de sua família permitiram-lhe repor-se pouco a pouco, antes de passar sua convalescença na bela propriedade dos Cheremetiev, transformada em casa de repouso para os privilegiados.

É nesse quadro campestre que ele recebia a visita de sua esposa Anna e de seus dois filhos, Andrei e Natália. Andrei seguia cursos de arte dramática, enquanto Natália ainda era aluna de liceu, mas se voltará logo, ela também, para o teatro. Quanto a Maria Knöbel, ela se insinuava quando Alexei ficava só. Ele tinha necessidade dela, pois somente ela podia compreender o artista e compartilhar suas reflexões. O amor daquelas duas mulheres tão diferentes, tão complementares, fez muito pelo seu restabelecimento.

... ao Teatro do Exército Vermelho, Depois Soviético

Iuri Zavádski, ator extraordinário cujo talento fora revelado por Vakhtângov no papel de Príncipe Kalaf de *Turandot*, fazia pouco a pouco seu caminho. De início, sucedera a seu mestre na direção do Terceiro Estúdio que, como se sabe, se tornou o Teatro Vakhtângov. Esse homem alto e sedutor tem todas as mulheres a seus pés, como testemunha a poeta Marina Tsvetáeava no relato *Sonetchka*, consagrado aos amores apaixonados de jovens comediantes, em que ele figura em bom lugar. Mas Zavádski vivia com medo desde que fora preso devido ao vínculo com seus amigos atores. Por ter frequentado o círculo dos rosa-cruzes, era mantido sob pressão pela polícia política. O futuro marido da grande bailarina Galina Ulanova conseguiu, não obstante, livrar-se do risco a tempo.

Sua passagem pelo Teatro da Revolução, cuja direção esteve por um breve tempo a seu cargo, não fora apreciado pelas autoridades. Ele foi rebaixado e viu-se à frente de um pequeno clube de amadores sem interesse, o Clube do Exército Vermelho. Representava-se ali espetáculos de variedades, comédias ligeiras. Esse foi o berço do coro do Exército Vermelho, cujo animador, Aleksandr Aleksandrov, formou um conjunto mundialmente conhecido.

Para reerguer o nível do clube e ampliar seu repertório, Zavádski reuniu um grupo de jovens comediantes. Suas primeiras realizações ocorreram em 1936: duas obras de Górki, *Vassa Jeleznova* e *Os Pequenos Burgueses*, escolha ditada pela homenagem nacional prestada ao dramaturgo que acabava de falecer.

Zavádski foi então encarregado de pôr em pé o teatro de Rostov-sobre-o-Don. Acabavam de inaugurar aí uma grande sala em estilo construtivista. Ele partiu para lá com os melhores atores de sua trupe. O que parecia um exílio o protegeu talvez dos turbilhões que agitaram a cena teatral moscovita daqueles anos. Mas quem poderia assumir sua sucessão à frente do clube? Calorosamente recomendado pela direção política do exército, Alexei Popov foi rapidamente aprovado para esse posto.

Sua primeira realização versou sobre uma obra situada no decorrer da Guerra Civil. Em *O Ano de 1919* do dramaturgo Prut, assistia-se ao comportamento heroico de *partisans* que atravessavam o Mar Cáspio num bote. Tinham por missão reabastecer clandestinamente elementos do Exército Vermelho, que combatia tropas britânicas estabelecidas no Cáucaso.

Iuri Zavádski e Maria Knöbel, professores do Conservatório (por volta de 1980)

O período é difícil no plano estético. O desencadeamento da luta contra o formalismo introduz um clima de hostilidade no meio artístico. Todo mundo sabe que o alvo é Meierhold e, através dele, toda criação independente. A direção do Exército Vermelho, por seu lado, está preocupada em desenvolver suas atividades culturais. Ela promove a construção de um teatro para a maior glória sua. Será um edifício imenso em forma de estrela, com um palco enorme em que poderão ser exibidas cenas de massa.

Os trabalhos se desenrolarão durante ao menos dois anos. No entretempo, a nova trupe, sob a direção de Alexei Popov, será posta à disposição de um corpo do exército dos mais prestigiosos, estacionado no Extremo Oriente. É uma zona sensível que necessita de uma grande presença militar em face das ambições do Japão. Colocado sob o comando do Marechal Blücher, o exército do Extremo Oriente conhece sua primeira vitória no Lago Hassan. Esta escaramuça vitoriosa é amplamente celebrada em todo o país e seu comandante é considerado um herói. Blücher aprenderá à sua própria custa que não é bom suscitar o ciúme dos grandes. Ele será logo mais detido pelo NKDV e morrerá na prisão.

Baseada em Khabarovsk, a trupe de teatro circula em trem por toda a região. Andrei Popov, que faz sua aprendizagem do mister de ator, acompanhou seu pai, que mata o tédio alimentando uma correspondência assídua com sua mulher e, por certo, com Maria Knöbel, sua confidente.

Livre em suas escolhas, Alexei Popov aproveita para montar uma peça cuja ambiguidade ele mede, *A Megera Domada*. Os ensaios se realizam nos trens ao sabor dos deslocamentos. A criação terá lugar na Casa dos Oficiais em Khabarovsk, antes que a peça seja reprisada em Moscou, quando do regresso da trupe em 1938. Será a consagração.

Popov pensara em Pavel Urbanovitch para a realização dos costumes de época. Pavel mergulhou com paixão nesse trabalho que implicava pesquisas aprofundadas sobre as vestimentas da Renascença italiana. O fausto dos cenários e dos costumes não foi estranho ao êxito de um espetáculo que contrastava com o cinzento da vida cotidiana. O público respirava diante desse sonho de beleza que contrastava com os ternos ou os uniformes que invadiam todos os teatros do país.

História de um Parto

A amizade de Alexei Popov não bastava para proteger Pavel contra si próprio. Nem o amor que dedicava a Maria. Ele passava a maior parte de seu tempo em subsolos enfumaçados em que consumia cervejas pesadas regadas de vodca. Convivia sem saber com informantes da polícia. Como a maioria dos grandes beberrões, proferia discursos intermináveis e muitas vezes subversivos. Ele lançava sobre os homens do poder julgamentos incisivos que não passavam despercebidos.

Recusando todo compromisso, Pavel se suicidava a fogo lento. Desesperando de religá-lo à vida, Maria Knöbel quer transformá-lo, proporcionando-lhe as alegrias da paternidade. Logo ela engravida. Maria chega a esconder por algum tempo o seu estado no teatro. Como não desempenha senão um papel minúsculo, o do pequeno caçador na peça *A Desgraça de Ter Espírito*, sua substituição se fará sem dificuldade.

O parto estava previsto para o outono. A vida com Pavel não melhorava. Ele desaparecia por dias inteiros, por noites inteiras, sem dizer para onde ia. Se permanecia em casa, não parava de beber e lhe acontecia ficar muitos dias de enfiada, prostrado sobre sua cama.

A hora do parto chega. Na ausência de Pavel, Maria Afanassievna, sua vizinha de andar, é que chama a ambulância. Em vez da maternidade especial reservada aos artistas, ela se vê na maternidade do bairro. Na porta de entrada, uma mulher a acolhe com um ar desconfiado. A mulher censura a recém-chegada por incomodá-la no meio da noite, depois a depila de alto a baixo e observa com maldade:

– Camarada, você quer ter um filho? Com esse tamanho, desculpe-me, você pensa que pode fazer um filho? Seria melhor se você tivesse feito um aborto.

Maria fica atordoada ante essa brutalidade, sobretudo de parte de um membro do corpo médico. Ela está tão desorientada que não tem a presença de espírito de lhe lembrar de que o aborto já está proibido há dois anos! Depois de enfiar um robe de limpeza duvidosa, ela se encontra em uma sala onde estão amontoadas uma vintena de pacientes. Ouvem-se suspiros, roncos, gritos sufocados. Após o parto, as mães são conduzidas com seus bebês para uma outra sala, onde se beneficiam de aparente conforto. Elas preencheram seu dever de cidadãs. Tão logo um leito se libera, ele é atribuído à seguinte, mesmo sem troca de lençóis.

Maria é tirada de seu torpor por uma enfermeira que a sacode e lhe enfia na mão um pequeno pedaço de papel dobrado em quatro. Sob o pretexto de higiene, ninguém é admitido na maternidade, nem mesmo os pais, que só podem manifestar-se por esse meio. Qual não é sua surpresa de constatar que se trata de uma palavra de Pavel! Tendo assim mesmo tomado consciência do que acontecia, ele declarava a sua mulher que a amava.

O parto foi horrível. Nada pode acalmar a dor, senão algumas talagadas de vodca. Ao fim de um momento, a parteira estende diante de Maria um pequeno corpo recoberto de um líquido viscoso. Por que não fora ele lavado? A enfermeira estende diante do nariz dela um pequeno corpo inerte. Maria solta um grito desumano.

– Sim – diz a enfermeira –, a criança nasceu morta. Vocês comediantes fazem horrores, depois não devem se espantar se algo vai mal. Além do mais, na sua idade são coisas que acontecem.

Nenhuma palavra de compaixão! Nem o menor carinho para uma mulher que se sentia de repente vazia, inútil, desamparada, vagamente culpada. Pavel acusou o choque. Permaneceu uma semana sem ficar sóbrio. Para Maria Knöbel, esses foram momentos infernais. Pavel afundava na derrelição, enquanto sua mulher, ela mesma, mal conseguia se repor das dores do parto e se acostumar à ideia de que não poderia jamais ter um filho.

Um Jovem Velho, Stanislávski

Não se pode deixar de perguntar por que Stanislávski não era apenas tolerado, mas sim mimado pelo Partido e por seu chefe. Sentindo-se protegido como por uma mão misteriosa, ele procura uma saída para o seu desânimo. O Teatro Artístico não é mais o que era. Há alguns anos que seu diretor não põe mais os pés lá. Acabam de lhe conceder um belo palácio particular no centro de Moscou, à rua Leontievski. Nele há um salão de baile que foi transformado em sala de ensaios, a sala Oneguin, que conta com cerca de quarenta lugares. Infatigável, Stanislávski o converte em uma espécie de ateliê, ao qual se dedica inteiramente. Esse será o Estúdio Lírico e Dramático. Ele convoca para secundá-lo um pequeno grupo de fiéis, os da primeira hora, como Leonidov, Podgornie Lilina, sua esposa, mas também os mais jovens, como Gribov, Orlov, Mikhail Kedrov e Maria Knöbel. Ignorando as difíceis relações entre eles, Stanislávski faz dos dois últimos seus interlocutores favoritos.

A VIDA DE MARIA KNEBEL

Desde a abertura desse quinto e último Estúdio, ele confia a Maria Knöbel um curso de expressão oral. Não se trata unicamente de dicção, porém de aprofundamento das virtudes da palavra. Esse contato direto com o mestre vai ser fundamental para a formação dela. Perto dos setenta anos, Stanislávski é ainda capaz de se questionar e tentar novas experiências. Como combater a angústia do comediante no momento em que prepara seu papel? A solução é, aparentemente, das mais simples. Em vez de prolongar a fase de análise do texto, da leitura ao redor da mesa que põe em jogo as capacidades intelectuais do ator, ele o coloca imediatamente em situação. Subindo desde logo no palco, sem se haver ainda impregnado de seu papel, o ator põe em movimento seus recursos corporais. Essa será "a linha das ações físicas".

A saúde de Stanislávski o obriga a alternar as estadas na casa de repouso de Barvikha e o trabalho no seu Estúdio. Meio clínica, meio residência vigiada, esta casa de repouso nas cercanias de Moscou situa-se dentro de um grande parque. Ele trata aí de sua poliartrite, que o faz sofrer terrivelmente. Seus acessos de sufocação pressagiam uma doença cardíaca. É lá que ele escreve seu último tratado, *A Construção da Personagem*.

Assim que se encontra com seus comediantes, Stanislávski parece ressuscitar. Ele manifesta com firmeza uma vontade de ruptura, o desejo de zombar, com o polegar na ponta do nariz, tanto de seus turiferários, como também de seus adversários. Em pesquisa permanente, encontra no pensamento vitalista de Bergson a base filosófica de sua concepção do papel da imaginação. O homem de teatro acha no conceito de energia criadora a resposta à eterna questão da criação artística. A particularidade do Estúdio de Arte Lírica e Dramática era a de conjugar nos seus alunos qualidades que se tendia a separar. Ator-cantor ou cantor-ator. Esses dois mundos não eram tão diferentes um do outro quanto os intérpretes tinham a tendência de crer.

Os trabalhos do Estúdio de Arte Lírica foram popularizados por Grigori Kristi, adjunto de Stanislávski na parte lírica do Estúdio. Infelizmente, ele tinha uma visão estreita da arte do palco e rejeitava as pesquisas tardias que considerava como caprichos de um velho doente. O mestre do realismo no teatro teria se renegado nessas pesquisas estéreis. Seguiu-se daí, para Kristi, uma grande desconfiança e mesmo uma rejeição dessa nova abordagem. Maria Knöbel, ao contrário, havia compreendido logo a importância dessa inflexão e adotou esse método de trabalho. Ver a seção consagrada a Stalislávski.[7]

---

7 Ver infra, p. 129-138 (N. da T.).

O argumento principal de Kristi na sua condenação do novo método era o suposto abandono por Stanislávski da abordagem psicológica do papel na base de seu sistema. Essa crítica carecia de fundamento. Se o mestre insistia no lado físico do jogo do ator, era em reação à deformação exercida pelos discípulos demasiado zelosos. O método psicológico servia, com efeito, de biombo para as obras inspiradas pelo realismo socialista. Este havia esvaziado o sistema de sua veracidade para convertê-lo em um instrumento a serviço das peças de propaganda. Por sua autenticidade, os comediantes formados segundo o sistema de Stanislávski chegaram a tornar críveis personagens artificiais e muitas vezes mentirosos, porta-vozes de uma ideologia a serviço do poder.

No Teatro Artístico: "Ivã, o Terrível", de Alexei Tolstói

Sem obter de Alexei esse abandono que ela almejava ardentemente, Maria sentia-se profundamente devotada a um homem cuja retidão ela media. Nessa época em que se encarniçava em distender todos os laços pessoais, ela lhe era grata por sua indefectível fidelidade. Ele ia vê-la amiúde e ficava de suspensórios à mostra em sua cozinha. Tinha então o ar de um garção de café. Era para os dois um momento de distensão. Acontecia-lhes permanecer às vezes muito tempo em silêncio, um silêncio que não era entrecortado senão por raras palavras. Havia entre eles uma intimidade intelectual profunda graças à qual escapavam à pressão do tempo. Partilhavam das mesmas alegrias, das mesmas penas, eles se compreendiam com meias palavras. Popov falava de maneira calorosa de suas realizações teatrais, de seus comediantes. Os dois iam logo mais trocar impressões acerca dos seus alunos, refletir em conjunto sobre a formação dos comediantes e dos encenadores no Conservatório.

Stanislávski morreu em agosto de 1938. Ele teve direito a funerais nacionais e foi enterrado em Novodiévitchi, cemitério reservado à elite. Sozinho daí por diante, à frente do Teatro Artístico, Nemiróvitch preocupava-se com sua sucessão. Ele se perguntava se um homem da envergadura de Alexei Popov não seria o homem da situação. Ele seria certamente capaz de retomar a tocha da direção bicéfala que havia de alguma maneira mantido os ideais do teatro em sua criação. Mas estaria ele disposto a abandonar o Teatro do

Exército Vermelho para se lançar em uma empreitada que oferecia grande risco? A trupe do Teatro Artístico era rebelde, caprichosa e vaidosa. Faria ela boa cara a um homem que não era do grupo?

Nemiróvitch decidiu fazer uma tentativa. Corria o ano de 1942, a guerra atingia o auge, o elã patriótico chegava ao cúmulo. Sabia-se que Stálin havia encomendado ao seu grande favorito, Alexei Tolstói, uma peça histórica com ambições shakespearianas que devia exaltar o patriotismo. O senhor do Kremlin via na figura de Ivã IV, o Terrível, a ponta de lança da unidade nacional, o herói de uma epopeia à medida da Rússia.

Alexei Tolstói compreendera bem que Stálin se identificava plenamente com "o unificador das terras russas", cujos métodos expeditivos haviam convertido a pequena Moscóvia numa potência europeia. Seguindo a linha dos historiadores marxistas que rejeitavam o passado imperial da Rússia, Stálin tinha decretado a continuidade da história do Estado russo. Ele conveio, pois, em reconhecer em Ivã IV o artífice da potência da Rússia, da qual este fora o primeiro tsar, proclamando que Moscou era a Terceira Roma.

Alexei Tolstói se documenta cuidadosamente e tenciona compor um vasto afresco em três partes, inspirando-se em peças históricas de Shakespeare e com a mesma liberdade no plano histórico.

Prudentemente, o autor comunica seu manuscrito a Stálin à medida que vai redigindo a peça. Stálin anota no manuscrito: "A Opritchinina[8] serve à edificação do Estado centralizado e à defesa do país contra os invasores." Esse poder paralelo, instituído por Ivã IV, pratica o terror. Como não ver nessa instituição o antepassado da Tcheka e de suas sucessivas encarnações, OGPU (Administração Central da Segurança do Estado) ou NKDV (Comissariado do Povo Para Assuntos Internos)? Cumpre, portanto, apresentá-la de maneira positiva. Sucede o mesmo com seu chefe, Maliuta Skuratov, o executante dos trabalhos sujos do tsar. Nenhum paralelo deve ser feito com a sinistra figura de Lavrenti Beria.

A saga se abre com a morte da esposa do tsar, uma princesa circassiana de grande beleza, muçulmana, mas cuja conversão para a Igreja Ortodoxa é mal aceita pela corte. Esse episódio intitulado *Orel i Orlionka* (A Águia e Sua Companheira) poderia se denominar "O Tsar Furioso". Ele suspeita que os

---

8   Gassudariéva Opritchnina (em russo, Reserva do Soberano) era a parte do território russo no qual Ivã, o Terrível, na segunda metade do século XVI, exercia poder absoluto; por extensão, designou a guarda pessoal do tsar, famosa pela crueldade, tendo, posteriormente, o termo se tornado sinônimo de despotismo e tirania. (N. da T.)

seus tenham envenenado a sua esposa e, para se vingar, institui o reino do terror. Esse enredo dramático será a fonte do filme de Serguêi Eisenstein, *Ivã, o Terrível*, que conquistará o Prêmio Stálin em 1946. No momento em que é feita a redação dessa primeira parte, a Wehrmacht acaba de lançar seu ataque contra a União Soviética. Alexei Tolstói escreve então: "Esta peça é minha resposta à humilhação infligida pelos alemães à minha pátria. Em fazendo reviver Ivã, o Terrível, esta grande alma russa apaixonada, eu volto a infundir coragem à minha consciência ultrajada." Como não ver aí uma homenagem indireta a Stálin?

No meio teatral, só pensam em obter o favor do senhor da Rússia. Nessa competição, o Teatro Mali, mais dócil, antecipa-se ao Teatro Artístico. Desde 1937, ele é dirigido por Ilia Sudákov, o qual, vale lembrar, dera seus primeiros passos de encenador no Teatro Artístico. Imprudentemente, ele se encarrega de montar, ele próprio, essa primeira parte.

Reviravolta teatral. Poucos dias apenas após a criação de um espetáculo que havia recebido as graças do público, a crítica se desencadeia, inspirada nas altas esferas. Ilitchev, chefe da seção de propaganda do Partido Comunista, toma da pena no *Izvestia* para demolir o espetáculo. Em três colunas ele fustiga o encenador, a quem recrimina sua evocação miserabilista da Rússia do século XVI e, sobretudo, a desenvoltura da qual deu prova na encarnação do tsar. Sob a influência dos "historiadores e moralistas simplistas que viam em Ivã, o Terrível, um déspota e um desequilibrado", a personagem era apresentada como um ser irascível e desconfiado e desprovido de majestade. Quanto a Maliuta Skuratov, o chefe da guarda pessoal, ele era interpretado como um ser degenerado, agitado e odioso. A peça é logo retirada de cartaz, enquanto Sudákov é objeto de uma censura severa. Ele é demitido de suas funções. Seu sucessor deverá retomar inteiramente o trabalho de encenação.

A maior prudência se impunha, pois, ao Teatro Artístico, que havia herdado a segunda parte, intitulada *Trudnie Godi* (Os Tempos Difíceis). A terceira parte remanescerá inacabada devido à doença de Alexei Tolstói, seguida de sua morte em abril de 1945, a um mês da rendição do Reich.

A ação se passa em 1572. Moscou é invadida pelos tártaros da Crimeia, tendo à sua testa um velho inimigo, o Khan Deblet Girai. A cidade é incendiada. De sua fortaleza inconquistável do Kremlin, o tsar comanda a luta e se divisa sua silhueta empoleirada sobre um bastião, de onde contempla sua capital em chamas. Sobre esse fundo apocalíptico, ele proclama com voz enfática o catecismo do nacionalismo russo: "Ela arde, ela arde, a Terceira Roma. Não haverá a Quarta. Ela arde, a sarça ardente, ela arde sem se consumir. E este é o destino russo, o destino da Rússia, pátria da humanidade."

Pouco importa se essa cena grandiosa é fruto da imaginação do dramaturgo. A verdade é que o tsar e sua guarda pessoal se haviam posto a salvo em uma fortaleza da retaguarda. Tomando o exemplo em Shakespeare, Alexei Tolstói procura distender a atmosfera. Ele dispõe, alternadamente, cenas históricas dramáticas e episódios de alcova. Aos 42 anos, o soberano é viúvo. Ele é tomado de paixão pela jovem princesa Maria Viazemski, que se sente atraída por ele. Mas ela não se esquece que foi por ordem do tsar que seu marido, o príncipe Viazemski, foi executado sob a acusação de traição. Em uma grande cena patética, a princesa, presa de sentimentos contraditórios, comunica ao tsar que ela o deixa para tomar o véu. Essa tentativa, visando tornar o soberano mais humano, não é a do melhor efeito. No mesmo momento, Eisenstein conhecerá a desgraça: prejulgando suas forças, ele dá, na segunda parte de *Ivã, o Terrível*, uma pintura sem complacência dos membros da opritchnina. Stálin, enfurecido, proibirá a projeção pública do filme.

A prudência é imprescindível. Alexei Popov sabe que deve dar prova da maior circunspecção. Tomando para assistente Maria Knöbel, ele tenta conciliar a trupe do Teatro Artístico, que vê nele um intruso. Tudo repousa no papel de Ivã, o Terrível, que Stálin escutará com a máxima atenção. Qual comediante terá ombros fortes para entrar na personagem e lhe proporcionar essa majestade à qual Stálin é tão apegado?

Todos os olhares convergem para este ator sem par que é Nikolai Khméliov. Aos cinquenta anos, ele atinge o grau de maturidade que lhe permitirá interpretar uma personagem capital. Desde que se revelou no papel de Alexei Turbin, na controvertida peça de Bulgákov, afirmou-se como um dos melhores comediantes do teatro russo. Um fato bastante curioso é que ele recebe o prêmio Stálin por seu desempenho na segunda parte de *Ivã, o Terrível*, de Eisenstein, interdita de outro modo.

Khméliov se investe totalmente em seu trabalho. Ele lê tudo o que foi publicado sobre o Terrível. Leva o perfeccionismo ao ponto de se inquietar com a pronúncia em uso na época. O modelo que se impõe é evidentemente o de Chaliápin na ópera de Mussórgski. Khméliov compõe uma personagem hierática, impressionante, mas não desprovida de lirismo. Para ser fiel à composição do autor, procura conciliar severidade e humanidade.

O cenógrafo Williams dá uma imagem realista de Moscou, a de um burgo mal desbastado, com suas ruas poeirentas, seu lixo amontoado e seus animais soltos. A multidão variegada oferece o quadro contrastante de mendigos em andrajos cujas cores desbotadas destacam o luxo das vestimentas dos ricos mercadores e dos barões protegidos por seus guardas. Apesar de tudo, a cenografia consegue dar a imagem de uma capital destinada a um grande desenvolvimento.

Evitando proporcionar uma visão demasiado sombria do reinado de Ivã IV, Popov relega as cenas de violência aos bastidores. Deixa-se ao espectador o cuidado de imaginar os massacres de Novgorod, os infortúnios da guerra e a execução de prisioneiros torturados até a morte, às vezes pela mão do próprio tsar.

Escaldado pela desgraçada sorte de seu confrade Sudákov, Alexei Popov cerca-se de precauções. Por excesso de zelo, não dá um passo sem informar ao comanditário. O ritmo dos ensaios se ressente disso, ao ponto de que o trabalho vai se estender por dois anos! A atitude hostil ou ao menos desconfiada dos comediantes em relação a esse recém-chegado em nada contribuiu para lhe facilitar a tarefa. *Os Tempos Difíceis* são também aqueles que vive o teatro. A peça não ficará pronta para a celebração da vitória. A modista está marcada para novembro de 1945.

É por ocasião desse ensaio que se produziu um evento trágico que revolucionou a comunidade teatral, e do qual o espetáculo não se recobra realmente. Como se milhões de vítimas tombadas nos campos de batalha não lhe fossem suficientes, a morte batia à porta do teatro. Tudo está pronto para o ensaio geral. O edifício cuidadosamente elaborado vai desmoronar de um só golpe. Como se um poder maléfico estivesse em ação, o Teatro Ermelova fazia sua terceira vítima. Depois de Terechkóvitch e Azarin, era a vez de Nikolai Khméliov.

A trupe completa estava na sala. Os funcionários do Comitê de Assuntos Artísticos haviam tomado seus lugares. Khméliov aparece no seu traje de aparato. Ele está magnífico com seu manto de brocado que recobre uma armadura em aço damasquinado tendo ao lado uma espada cintilante. O comediante tem um ar majestoso que assenta bem à sua personagem. De repente, ele vacila e despenca com um grande estrondo de metal. Os maquinistas acorrem, levantam-no com precaução e o transportam ao seu camarim. Khméliov está estendido sobre seu divã, com os olhos muito abertos, sem poder proferir uma palavra. Quando as ambulâncias chegam é muito tarde, ele expirou, levado por um acidente cerebral.

A perda de Khméliov era mais do que uma tragédia para o Teatro Artístico. Contava-se com ele para dar de novo brilho a esse teatro um tanto anquilosado. Para Maria, é um grande ator que se vai, porém, mais ainda, um amigo. Ela chora o homem, o camarada dos anos de juventude. Quantas

A VIDA DE MARIA KNEBEL

lembranças vieram à tona! Ela sentia um grande vazio. Pouco depois, foi a vez de Williams, este maravilhoso cenógrafo que sabia traduzir visualmente as exigências mais diversas.

A trupe levou muito tempo para retomar o curso normal de sua existência. Os ensaios recomeçaram sem convicção. Bolduman, que assumiu o papel de Ivã IV, não possuía o carisma de seu predecessor. Foi preciso ainda seis meses de ensaios antes desse dia de junho de 1946 em que a peça veria finalmente a luz. A temporada chegava ao fim e os espectadores estavam preocupados por um novo acerto da linha estético-ideológica da vida teatral e, de um modo mais geral, da vida artística e literária. As tímidas esperanças de liberalização ao fim da guerra sofriam uma violenta freada. Os teatros eram censurados por montar um número demasiado de dramaturgos ocidentais em detrimento da produção nacional. A retomada do controle se manifestou pela condenação de um prosador de espírito satírico, Mikhail Zoschtchenko, e de uma poeta de lirismo discreto, Anna Akhmátova. Andrei Jdanov torna-se o grande ideólogo do Partido Comunista. As detenções são retomadas, as restrições eram sempre igualmente severas. O público não precisava fazer desse livro senão imagens que evocavam um passado findo, e que revelavam más lembranças.

O trabalho sobre esse espetáculo pusera Alexei Popov à dura prova. Ele havia voluntariamente refreado sua imaginação, apagando toda aspereza que oferecesse o risco de ser mal interpretada. O comanditário estava deliciado, ele podia contemplar-se com satisfação no espelho que lhe apresentavam. Não tinha nada a invejar ao culto de que Ivã IV constituía objeto. Ele era considerado como um Deus.

Os jovens comunistas cantavam: "Camarada Stálin, em todas as suas extremidades, a terra é iluminada pelo brilho de teu sol, desse sol que é a bandeira do grande combate, Stálin, tu, o chantre dos séculos futuros; Stálin, sol do destino nacional; Stálin, felicidade dos soviéticos; Stálin, orgulho e glória das vitórias; Stálin, sabedoria das ideias imortais; Stálin, tu és o Lênin de hoje".

É com grande alívio que Alexei Popov retorna ao Teatro do Exército Vermelho que ele não havia realmente abandonado. Contrariamente às aparências, o controle exercido pela direção política do exército era menos minucioso do que o dos funcionários da cultura. Nos limites que sabia se impor, a direção do teatro do exército era relativamente livre em suas escolhas. O nome do teatro havia mudado. Não era mais o Teatro do Exército Vermelho, mas o do Exército Soviético. Como se a prova da guerra nacional tivesse apagado as lembranças da guerra civil.

No Teatro Maiakóvski (Maria Babanova)

Nos anos 1930, Maria Babanova estava no cimo de sua glória. Ela era o ídolo do público e morreu em 1983, já esquecida por ele. No fim de sua vida, vivia reclusa. Foi preciso toda a insistência de sua amiga Maria para fazê-la sair de seu isolamento.

Corria o ano de 1971. Ela estava marcada pela idade, havia engordado, apenas a voz permanecera a mesma, uma voz argêntea, juvenil, a da criança maravilhada à qual ela havia emprestado sua voz ao rádio, por ocasião do Degelo. Toda a Rússia guarda ainda na memória, gravada em seus ouvidos, a voz clara, sonora, a voz de *mezzo-soprano* do *Pequeno Príncipe* interpretado por Babanova.

Quando Maria Knöbel a convidou a vir ao Teatro Maiakóvski desempenhar o papel de sua escolha, Babanova aceitou subir de novo ao palco, mas tão somente sob sua direção. Ela não teria suportado ser dirigida por nenhum outro encenador. Em cena, Maria Babanova foi tomada pelos odores de sua juventude. Seu passado desfilava diante de seus olhos, pois, sinal dos tempos, o Teatro da Revolução fora rebatizado em 1954 com o nome do poeta futurista. Teria, pois, o tempo da Revolução retornado?

A escolha de Babanova recaiu sobre o papel de Moskaliova em *O Sonho do Tio*, peça em que o confronto entre uma mãe ambiciosa e sua filha inocente valoriza o jogo dos comediantes. Essa adaptação cênica de uma novela de Dostoiévski tornou-se uma peça favorita dos teatros da Rússia.

Maria Knöbel, que assistira às suas primeiras apresentações como comediante, tivera já nessa época a revelação de seu talento e se regozijava com essa escolha em que Babanova poderia fazer, uma vez mais, a demonstração de seu valor. Ela se lembrava de sua aparição no papel de Pauline, na peça de Ostróvski, *Um Lugar Lucrativo*. A teimosia dessa jovem mulher caprichosa, seu coquetismo e sua gaiatice valeram-lhe o favor do público. Sua silhueta elegante, seus escarpins de verniz e seu minúsculo bibi sobre a cabeça viram-se logo expostos à venda nos magazines femininos. Ela encarnava a nova mulher russa, a mulher liberada, um tanto andrógina. Mais tarde, Maria Knöbel tivera a oportunidade de assistir a um ensaio memorável. Babanova desempenhava na peça *Brada China!* o papel de um *boy*, de um *boy* chinês. Nessa peça anticolonialista, Serguêi Tretiakov, escritor próximo de Maiakóvski, denunciava a violência exercida sobre os chineses pelo capitão da canhoneira britânica

A VIDA DE MARIA KNEBEL

Cockcheffer. Encarregado de defender os interesses das potências estrangeiras, o capitão dá ordem de fuzilar reféns para vingar a morte de um cidadão americano. Aterrorizado e indignado, o *boy*, representado por Babanova, faz cair a maldição dos deuses sobre seu odiado senhor. Em um gesto sacrificial, ele se enforca diante da cabine do capitão.

Meierhold havia pedido à comediante que seguisse escrupulosamente as indicações do autor:

> Trauteando uma canção triste, o *boy* ajusta um nó acima da porta do capitão. Ele cantarola por muito tempo sua ária melancólica e sem palavras. Depois, com um gemido, pega com seus dedos nervosos o nó corredio que pende acima da porta. Faz-se o escuro. O som lúgubre de uma sirene corta o silêncio. Luz. À porta da cabine pende o corpo inanimado do *boy*.

Vestida de uma túnica chinesa, Babanova avança para o proscênio em uma pantomima acompanhada de uma melopeia de sua composição. A luz se extingue na sala. Quando ela se reacende, vê-se o corpo balançar-se inerte diante da porta do capitão. Meierhold, que dirige essa peça, é tomado de entusiasmo e aplaude, o que lhe acontece raramente.

Admirável, tocante Maria Babanova. Ela era de uma timidez doentia, timidez que a abandonava tão logo entrava em cena. Era o ser mais reto, o menos feito para as intrigas. Ela foi destruída pelo ciúme doentio de Zinaida Reich, a esposa de Meierhold. Babanova era a atriz favorita do encenador e possuía mais talento do que Zinaida.

Pelos acasos da existência, aconteceu que Maria Knöbel e Maria Babanova se encontraram pouco antes em Rostov sobre o Don. Era o mês de junho, a natureza estava resplandecendo. A duas mulheres passeavam sobre as colinas que dominam a cidade. Dali se tem uma vista esplêndida da curva majestosa do rio. Percebendo um banco de madeira vetusto, Babanova prorrompeu em soluços. Tantos anos haviam passado, no entanto!

– Foi exatamente nesse banco que eu havia sentado naquele verão! Era também mês de junho. Eu estava mergulhada na mais profunda aflição. Compreendia muito bem que Meierhold não queria, não podia deixar sua mulher. Ela lhe fazia constantemente cenas a meu respeito. Ele sabia também que não poderia jamais encontrar alguém para me substituir. Eu teria admitido uma separação amigável. Por que foi tão cruel? Por que essa vontade de me destruir?

O Teatro Meierhold estava em turnê na Geórgia. O público georgiano faz uma ovação à comediante e a cobre de braçadas de flores. Os cumprimentos inflamados de um jornalista põe fogo na pólvora: "Babanova deu de novo prova de seus dons artísticos em um número que valoriza suas qualidades plásticas. Por que ela é tão pouco utilizada no seio da trupe?"

Meierhold ataca o jornalista que ele supõe ter sido enredado pela comediante. A degola ocorreu aqui em Rostov. Meierhold enviou a Babanova um bilhete lacônico no qual lhe comunica que ela não faz mais parte da trupe. Ela se desfaz em lágrimas e vai se refugiar nesse banco. Sua decisão é tomada; ela tomará a dianteira e anunciará ela própria a sua saída do Teatro.

Meierhold foi executado, Zinaida Reich assassinada. A terrível ocupação alemã destruiu a cidade de Rostov. Mas o banco continua sempre ali. Diante dessa angustiosa lembrança, só o silêncio se impunha.

Em seu retorno ao Teatro da Revolução, Maria Babanova conheceu seus maiores sucessos. Um de seus papéis mais marcantes foi o de Tânia, na peça de mesmo nome e de autoria de Arbuzov. O dramaturgo reabilitava os sentimentos amorosos numa época em que estes eram denunciados como um preconceito burguês. Ela representou em numerosas peças de autores soviéticos, mas foi no repertório clássico que deu o melhor de si. Após uma notável Julieta, interpreta, na véspera do Degelo, uma Ofélia inolvidável. O encenador, Okhlopov, discípulo de Meierhold, a convertia no símbolo da resistência à opressão. A oposição entre um príncipe cheio de delicadeza, incapaz de sacrificar seus valores ante as torpezas de um poder cínico, corrompido e criminoso, possuía um significado que não escapava a ninguém.

Em sua novela, Dostoiévski pinta um drama doméstico de acentos balzaquianos. A cena se passa numa cidade da província onde Moskaliova, mulher notável e primeira dama da cidade, não tem senão um desejo na cabeça: casar a filha com um aristocrata para ser admitida na boa sociedade. O único partido em vista é o príncipe K. Certo, esse homem não é mais do que um destroço que conserva certa aparência aristocrática, graças apenas aos diversos artifícios à sua disposição, olho de vidro, perna de pau, peruca avantajada, figura coberta de branco de alvaiade. Sob efeito das libações oferecidas por Moskaliova, o príncipe K., meio adormecido, consente em tomar por esposa a filha da anfitriã, Zinaida. Quando volta a si, esquece completamente sua promessa. Ele se pergunta se pura e simplesmente não sonhou, daí o título *O Sonho do Tio*. (Por "tio", entende-se toda pessoa de certa idade.) Quando Moskaliova reúne as damas da cidade para lhes participar essa nova extraordinária, uma

A VIDA DE MARIA KNEBEL

das convidadas, a coronela Karpukhina, se lança numa tirada desabrida em cujo transcurso desvela os procedimentos indignos da hospedeira. Daí resulta um escândalo que provoca o rompimento do casamento projetado, e cuja perspectiva apavorava uma Zinaida enamorada de outro, um jovem estudante.

Maria Knöbel propôs a Babanova que se inspirasse na análise da ação para melhor entrar na sua personagem, mas ela recusou categoricamente. Não pretendia de modo algum deixar-se levar ao jogo de improvisação, mesmo controlado. Antes de começar a ensaiar, tinha necessidade de saber seu texto de cor. Ela esperava do encenador que ele lhe desse as grandes linhas de sua personagem. Do resto, isto é, o jogo de atuação propriamente dito, ela se encarregava. Assim que entrava no papel, metamorfoseava-se como que sob o efeito de um golpe de varinha mágica. Ela era imediatamente a personagem, encontrava sem dificuldade as entonações justas, as atitudes requeridas. Ela ia do exterior ao interior para voltar ao exterior, como havia aprendido com Meierhold. Maravilhada, Maria Knöbel perguntava-se se Babanova não era, intuitivamente, a encarnação da "linha das ações físicas", que Stanislávski não havia elaborado senão em decorrência do trabalho de toda uma vida.

A reconciliação entre as duas concepções do jogo teatral se manifestou também entre esses dois grandes do teatro, que se haviam, por um tempo demasiado longo, se afastado um do outro. A cena situa-se em fevereiro de 1938. Acusado de ser "estrangeiro ao povo", o Teatro Meierhold acaba de ser liquidado. Stanislávski estende então sua mão ao discípulo rebelde. Chamada ao seu escritório, Maria constata que, como de costume, o Mestre está meio estendido em seu divã, buscando a melhor posição para escapar à dor. Diante dele está sentado um homem que ela não vê senão de costas, mas que adivinha pelos cabelos grisalhos, ligeiramente ondulados, que se trata de Meierhold. Seu rosto emagrecido salienta o nariz proeminente, porém o que a impressiona mais é sua tez amarelada. Ele tem olhos de cão surrado. Voltando-se para Maria, Stanislávski declara, designando seu visitante "Eis meu filho pródigo. Esse filho estava perdido e ele retornou à casa." Por ocasião de seu septuagésimo quinto aniversário, o Mestre recebeu de Meierhold uma carta emocionante: "Como vos dizer até que ponto me sois caro! Como vos exprimir a imensidade de meu reconhecimento por tudo o que me ensinastes na arte tão difícil da encenação?"

Sua decisão está tomada, ele não o abandonará. É sua maneira de resistir à barbárie. Stanislávski o torna, imediatamente, seu adjunto, à testa do Estúdio

Lírico e Dramático. Mas vai mais longe e arranca da Prefeitura de Moscou uma nomeação inesperada: Meierhold dirigirá o Teatro Musical Stanislávski e Nemiróvitch-Dântchenko. Este novo teatro lírico acaba de ser criado em consequência da fusão dos ateliês musicais fundados, há muitos anos, pelos dois diretores do Teatro Artístico. Cada qual, à sua maneira, procurava renovar a arte lírica aproximando-a da arte dramática. À morte de seu protetor, em agosto de 1938, Meierhold consagra toda sua energia à produção de espetáculos de ópera (notadamente *Semion Kotko*, de Prokofiev), mas a folga será apenas de curta duração. Menos de um ano mais tarde, ele será detido, condenado à morte e executado.

O Destino de Pavel Urbanovitch

Ingenuamente, o meio teatral depositara todas as suas esperanças no trabalho do Congresso dos Encenadores, anunciado para o mês de junho de 1939. Alexei Popov foi designado para pronunciar o discurso inaugural. A maior parte dos grandes encenadores estava convidada a exprimir seu ponto de vista, de Mikhoels até Meierhold. A presidência seria assegurada por Vichinski, o antigo procurador dos grandes processos. Era um mau augúrio. A detenção de Meierhold no fim do congresso fez compreender que as esperanças de liberalização eram de novo ilusórias.

Durante esse tempo, Pavel chafurdava nas caves de cerveja onde, sob o domínio do álcool, proferia discursos subversivos. Ao regressar de uma missão em Leningrado, Maria Knöbel encontra a casa abandonada. Como pode Pavel deixá-la sem explicações? Diante dessa nova provação, ela encontrou em Alexei Popov o afeto de que carecia. Ele soube envolvê-la com sua amizade, sua compreensão e sua ajuda.

Algum tempo depois disso, Maria teve a chave do mistério. Ela foi convocada pelo representante do Partido. Havendo franqueado a bela porta acolchoada, foi recebida por um funcionário que respondia pelo nome de Nicanor Pavlóvitch. Em seu terno marrom impecável, oferecia um semblante afável e inteligente. Ele recebeu Maria Knöbel de maneira demasiado cortês, queixou-se do fraco nível de consciência política dos comediantes antes de ir ao fato. Explicou-lhe, sob a promessa de segredo, que ao marido dela fora confiada uma missão delicada que o obrigava a partir para a província. Como essa missão corria o risco de se prolongar, ele precisava recuperar sua liberdade e por isso pedia o divórcio. Isso foi como o choque de uma descarga elétrica. Como não tinha ela notado nada? Havia aí qualquer coisa de estranho que não dava para entender. Mas ela não tinha escolha. Visto que ele próprio não podia se deslocar, pedia que ela confiasse no representante do Partido. Este lhe estendeu uma folha de papel e lhe ditou algumas frases pelas quais Maria formulava um pedido de divórcio. Ela após, tremendo, sua assinatura nesse documento, recriminando-se ao mesmo tempo por ter cedido tão rapidamente.

Ela não teve mais notícias de Pavel. Qual podia de fato ser essa missão secreta de que ele estava encarregado? Ela temia o pior, acordava ofegante no meio da noite, via-o, irreconhecível, o corpo desmembrado. Era um sonho premonitório?

Muitos anos mais tarde, ela recebeu a visita de um homem cujo aspecto a amedrontou à primeira vista. O que impressionava o olhar era seu ar doentio, seus ombros encurvados e sua roupa de moletom, a dos trabalhadores da construção e dos condenados a trabalhos forçados. Apresentando-se sob o nome de Vladimir Ivanovitch, tirou de um de seus bolsos uma carta escrita a lápis sobre um papel grosseiro, quadriculado, escolar. Os olhos de Maria se umedeceram, ela reconheceu a chancela de Pavel. Ela soube da verdade. Ele estava num campo perto do Círculo Polar. Mas o visitante a tranquilizou. Pavel era encarregado de animar o teatro do campo de prisioneiros, o que lhe proporcionava certas vantagens; escapava assim aos trabalhos forçados que dizimavam seus companheiros de detenção.

Ele montava para o público de guardas e de suas famílias, peças ligeiras, comédias musicais, operetas, esquetes cômicos. Maria Knöbel sentiu-se fascinada pelo rosto mourejado, mas que ainda permanecia jovem, de Vladimir. Fumando e comendo pequenos pastéis, ele deu mais pormenores sobre as condições de vida dos forçados. No fim da guerra, ela recebeu, enfim, cartas de Pavel. Depois de haver cumprido sua pena, não fora autorizado a regressar a Moscou. A título de compensação, fora enviado a Iacutzk como diretor artístico do teatro municipal em língua russa. Esse teatro provincial não tinha como público senão funcionários russos lotados na Iacútia, o que eles consideravam como uma dura provação. Eles possuíam a arrogância daqueles que se sentem investidos de uma missão civilizadora junto às populações "atrasadas". Pavel não tinha outra distração a não ser o trabalho. Ampliava o repertório do teatro montando, ao lado de peças tipicamente soviéticas, como *O Duelo dos Irmãos Tour*, obras clássicas, como *Inocentes Culpáveis*, de Aleksandr Ostróvski, ou *O Copo d'Água*, de Scribe.

Mas ele se empenhava sobretudo em promover a cultura local e foi essa a origem de uma escola de arte dramática em língua iacute. Fez traduzir em russo a epopeia iacute do escritor Sivtsev-Surrum Omollon, que relatava episódios da história de seu país. Mas a adaptação cênica foi interdita, pois uma de suas personagens era um xamã. Portadores da identidade iacute, estes haviam sido sistematicamente exterminados pela administração soviética.

De volta à capital, Pavel precisou baixar suas pretensões. A menção de sua condenação nos seus documentos fechava-lhe todas as portas. Finalmente, ele se viu reduzido à condição de instrutor da Escola do Circo de Moscou.

Após o casamento que fora obrigado a contrair com uma guarda do campo, sentiu necessidade de relaxar ao lado de Maria. Evocavam juntos os bons momentos de sua vida passada. Porém, ele não havia recuperado seu equilíbrio. Mais taciturno do que nunca, evitava falar do que havia vivido na detenção. Fumava sempre, sem parar e de todas as marcas, à exceção dos famosos "Flor de Herzegovina", que ele sabia serem os preferidos de Stálin.

E depois ocorreu um acontecimento trágico sobre o qual jamais se fez alguma luz. Naquele dia ele mal havia tocado nos sanduíches, nos pastéis e nos docinhos. Pavel se contentava com alguns copos de vodca acompanhados de pepinos marinados. Já era bem tarde e ele tinha ainda mais de uma hora de trajeto para voltar à sua casa no subúrbio. Ele devia retornar no dia seguinte, a fim de trazer convites para o novo espetáculo apresentado por seu circo. No patamar da escada, ele dá adeus com a mão. Maria se retira ocultando sua emoção.

Mal acaba de entrar no seu apartamento, batem na porta, gritam-lhe para abrir. São seus vizinhos. O terror se estampa no rosto deles. Ouviram como que um grande grito seguido de um barulho surdo. A porta do elevador ficou semiaberta, o que é estranho. Impulsionada por súbita intuição, Maria se precipita pelos degraus da escada. Desce como uma louca os cinco andares e, quando chega ao térreo, é para dar com o corpo desarticulado de Pavel.

Como explicar o que se passou? Um acidente? Um suicídio? Quem algum dia saberá a verdade? Prostrada em seu leito, Maria rememora sua vida em comum. Eles haviam partilhado tantas coisas, sabiam se consolar um ao outro da amargura da vida. Por que o infortúnio se encarniçara contra esse homem cheio de talento, esse anarquista que havia estragado tudo por imprudência?

Maria Knebel, Professora no Conservatório

Ao terminar a guerra, o trabalho reata-se com a maior intensidade. Alexei não podia mais correr do Teatro do Exército Vermelho ao Conservatório de Arte Dramática sem contar as intermináveis reuniões às quais tinha de assistir. Desejando obter alguma folga, ele pede a Maria que o secunde no Conservatório. Isso constituiu para ela um presente excepcional que devia mudar sua vida. Podia ela suspeitar que ensinaria até o fim de seus dias, sempre animada da mesma paixão?!

Na rua Sobinov encontra-se um edifício de bela aparência, de dois andares, rodeado por um jardim encerrado em grades de ferro forjado. Requisitado no tempo da Revolução, esse palacete particular fora destinado por Lunatchárski ao exercício da arte dramática. Após ter abrigado por algum tempo o ateliê de encenação de Meierhold, ele se tornou a sede do Conservatório Nacional de Arte Dramática. Promovido à condição de estabelecimento de ensino superior, estava habilitado a expedir um largo leque de diplomas, cobrindo diversas especialidades ligadas à arte do espetáculo: comediantes, encenadores, cenógrafos, críticos de teatro, administradores...

Era um prazer ir ao bairro do Arbat, onde ela sentia o charme da velha Rússia com suas ruelas sinuosas e seus palacetes particulares transformados em embaixadas. Desde o mês de junho, Maria fora convidada a participar da comissão de admissão. Todos os membros do júri estavam sentados junto a uma longa mesa. Era algo apaixonante, pois os candidatos manifestavam um frescor, uma energia, uma vontade de realização. Eles recitavam, um após outro, um dos textos impostos, um poema de sua escolha, uma fábula e um texto de prosa. Naquele ano de 1948, ela tinha diante de si jovens que haviam crescido durante a guerra, mal alimentados, mal trajados e mal instruídos. Pertenciam àquela geração que se sentia frustrada por não ter vivido o heroísmo de seus pais. Muitos haviam perdido parentes próximos no combate, mas numerosos eram aqueles cujas famílias tinham simplesmente desaparecido. Mas todos estavam animados de uma flama interior, de paixão pelo jogo teatral, da poesia da língua. Distinguiam-se da maioria dos jovens de sua geração, formatados para aderir a uma concepção maniqueísta do mundo, na qual não havia lugar senão para a mecânica, a técnica e o materialismo. Como fazer uma escolha entre jovens tão atraentes?

O brilho de seu desempenho durante o concurso de admissão mascara, entretanto, enormes lacunas. Eles manifestam amiúde uma grande ignorância,

Alexei Popov e Maria Knöbel no Conservatório (cerca de 1954)

se não um verniz à guisa de cultura, e compensam suas deficiências por uma certa arrogância. Seu único trunfo é uma excelente memória. Em compensação, têm tudo a aprender em matéria de análise de textos. É uma disciplina que nunca praticaram, eles não têm nenhuma ideia da maneira de como se haver com ela, como descobrir paralelos, desentocar as alusões ocultas. O leitor encontrará na Segunda Parte um resumo do método de ensino de Maria Knöbel[9].

O Teatro Artístico de Moscou às Ordens: Mikhail Kedrov (1948)

Apesar de seus esforços para achar um sucessor, Nemiróvitch deixava, com seu desaparecimento em 1943, um teatro sem timão. Abriu-se um período de incerteza e de intrigas. Após longas hesitações, o Ministério da Cultura decidiu, em 1948, confiar a direção do Teatro Artístico a um diretor único, na pessoa de Mikhail Kedrov. Excelente comediante, apreciado por Stanislávski, ele mostrou ser apenas um instrumento dócil nas mãos do poder. Estreito de espírito, não compreendera que o método supunha liberdade de concepção, espontaneidade de realização, primado conferido ao comediante. Kedrov contribuiu para a ossificação do método de Stanislávski e sua imposição dogmática a todo o teatro soviético.

Foi sob seu reinado que duas peças particularmente odiosas foram incluídas no repertório. Maria Knöbel teve de colaborar, a despeito de si, com a *mise-en-scène* de *Nosso Pão Cotidiano*, de Nikolai Virta, que era um puro instrumento de propaganda. Colcozianos radiantes de felicidade testemunhavam aí seu reconhecimento ao Partido cheio de solicitude a respeito deles. Ora, ninguém ignorava a miséria dos camponeses, privados de todos os direitos e intimados a entregar toda a sua colheita aos organismos do Estado. Foi a primeira vez que ela pôs o seu talento a serviço de uma peça tão detestável como desonesta.

Quanto à peça de Anatoli Surov, *Bons Ventos!*, foi outra história, que devia se revelar divertida. Quando Kedrov decidiu inscrevê-la no repertório

9   Ver infra, p. 152-154. (N. da T.)

do Teatro Artístico, foi uma gritaria de indignação no seio da trupe. Kedrov passou por cima e montou ele próprio a peça, cuja única qualidade era a de responder às injunções de Jdanov. Ele considerava que uma sociedade sem classes como a soviética não poderia conhecer conflitos. Quando muito, podia haver aí concorrência entre diversas soluções. A melhor deveria prevalecer. Na visão otimista do socialismo triunfante, o único conflito admissível era, portanto, o do Bom em relação ao Melhor. Quanto aos conflitos, quando aí havia, eles só podiam ser causados pelos inimigos do socialismo. Cabia aos órgãos competentes impedi-los.

As personagens de Surov são bons cidadãos soviéticos, culpáveis apenas de pecados menores, fraqueza, preguiça e falta de vigilância. Alexei Siriakov, aluno de um colégio técnico, é de origem proletária. Ele se choca com a incompreensão das autoridades que, por negligência, não sabem reconhecer em seu justo valor um aperfeiçoamento capital proposto por Siriakov. Trata-se de um sistema aperfeiçoado de regulação da circulação de estradas de ferro. O diretor do colégio e o chefe da estação ferroviária do lugar levam uma vida de pequenos burgueses afastados das realidades. Um é mulherengo, o outro, e ainda mais grave, mantém uma correspondência com uma revista especializada dos Estados Unidos, o que lhe valerá ser tratado de "caixeiro viajante apátrida".

Mas, ao final da peça, tudo fica em ordem. O projeto do jovem Siriakov é adotado e, em meio a uma turba em júbilo, ele parte em viagem de núpcias com sua jovem esposa. Antes de subir ao trem, o jovem casal é aclamado por uma multidão jubilosa aos brados: *Zelionaia Ulitsa!*, isto é, "Bons Ventos." O Melhor triunfou sobre o Bom.

Maria Knebel É Expulsa de Seu Teatro

Maria Knöbel havia escapado duas vezes da morte que a espreitava. Sua sobrevivência parecia milagre. A primeira vez foi ao partilhar do calvário de seu pai, a quem ela amava apaixonadamente. Ele, tão orgulhoso de seu nome que se tornara famoso na Rússia, sofrera as afrontas de uma multidão enfurecida que, impelida por um patriotismo transviado, atacava tudo o que trouxesse um nome alemão. A segunda vez ocorreu trinta anos mais tarde. Ela foi presa de um chauvinismo que faz do judeu um bode expiatório. Maria descobria

A VIDA DE MARIA KNEBEL

89

de repente que era estrangeira a si própria e a sua pátria. Quem portava um nome alemão era considerado judeu. Que Maria Knöbel fosse de confissão luterana não mudava nada. Fossem eles servidores zelosos do novo regime, ou opositores determinados, os judeus não faziam parte da comunidade nacional.

No entanto, os judeus da União Soviética haviam sido mimados e instrumentalizados durante a guerra. Explorando o carisma e poder de convicção do renomado ator Salomão Mikhoels, Stálin o enviara, no verão de 1943, em turnê aos Estados Unidos, México, Canadá e Reino Unido, a fim de incitar a influente comunidade judaica desses países a contribuir financeiramente ao esforço de guerra da União Soviética. Não era ela um baluarte natural dos judeus contra as atrocidades da Alemanha nazista?

O sucesso da missão conduziu à sua perda. Na qualidade de dirigente do Comitê Antifascista Judaico, ele gozava de grande prestígio e podia aparecer como líder de uma comunidade judaica amiúde discriminada. Stálin decidiu cortar o mal pela raiz[10] e se livrar de tudo o que oferecia risco de minar o seu poder. Suspeitando de que o Comitê Antifascista estivesse à testa de um complô dirigido à sua pessoa, deu ordem para eliminar seu principal adversário. Em 13 de janeiro de 1948, Mikhoels é assassinado quando de uma viagem a Minsk. O homicídio é maquilado em acidente de estrada. Seus parentes duvidavam de fato de que algo pudesse ser feito sem uma ordem do dirigente supremo. Com seu cinismo habitual, o poder decretou exéquias nacionais para aquele grande artista que se tornara incômodo.

A partir daí a máquina se pôs em marcha. Em novembro, ocorre a dissolução do Comitê Antifascista e a detenção da maioria de seus dirigentes. Acusam-nos do crime de "nacionalismo antissoviético" e, mais especificamente, de serem espiões a soldo dos Estados Unidos. Mas o inquérito marca passo e não é senão ao cabo de três anos que os treze acusados são condenados à morte. Entre eles, o poeta e dramaturgo Peretz Markisch. Maria Knöbel nutria grande estima por esse escritor dotado, bem conhecido do mundo teatral.

Paulina Jemjunina, esposa do presidente do Conselho de Ministros (Sovnarkom), Viatcheslav Molotov, era de origem judaica. Ela aceitou o convite da embaixadora de Israel em Moscou, Golda Meir, originária de Kiev. Pegou mal. Apesar da posição ocupada por seu marido, ela foi do dia para a noite demitida de suas funções ministeriais (secretária de Estado para a Indústria

---

10   No original "tuer dans loeuf", literalmente "matar no ovo", na origem. (N. da T.)

Ligeira), depois detida e condenada a cinco anos de reclusão em um campo de trabalho, o que não a impediu de continuar sendo grande admiradora de Stálin.

A campanha antijudaica podia começar. Foi assim que Maria Knöbel, devolvida a um judaísmo de que não suspeitava, viu-se confrontada com sua segunda morte: ela foi arrancada de seu teatro, de sua casa, daquilo que durante vinte e cinco anos dava sentido à sua vida.

Se há um domínio onde o governo soviético dá mostras de organização e de sequência nas ideias, é no lançamento, a intervalos regulares, de campanhas de difamação, destruição e ódio contra indivíduos ou categorias da população. Uma vez o plano bem elaborado, a máquina se põe em movimento, desenvolve seus tentáculos, chega a seus fins antes de se voltar para novas presas.

A fim de não dar azo à acusação de judeofobia, essa campanha se apresenta como uma "luta contra o cosmopolitismo", isto é, contra toda influência estrangeira. O tema recorrente é que nessa época de Guerra Fria os judeus mantêm liames com o inimigo. Em suma, falta-lhes patriotismo.

No seu editorial de 28 de janeiro de 1949, o *Pravda* denuncia a existência "de um grupo antipatriótico de críticos teatrais". São os "cosmopolitas apátridas que cobrem com sua podridão a arte soviética". Seus nomes são entregues à vindita popular.

A União dos Escritores, associação cujo objetivo aparente era o de defender os interesses da profissão, coloca-se na primeira fila desse linchamento moral. Ela se encarniça contra aqueles de seus membros que suspeita de "cosmopolitismo". Conforme o princípio da amálgama, incrimina-se Grigori Boiadjiev, um georgiano conhecido por seu modo franco de falar, e Aleksandr Borschagovski, escritor de origem polonesa. Mas a maioria dos acusados tem nomes com consonância judaica: Iaakov Warschavski, Abram Gurevitch, Efim Kholodov (Meierovitch), Leonid Maliuguin... O alvo principal é Iosif Iuzovski, crítico teatral severo, mas cujo talento e integridade todos reconhecem. Todos esses críticos são de fato universitários, especialistas em arte teatral e autores de monografias de alto nível.

Aqueles que assumiram pseudônimos, muitas vezes a pedido das casas de edição, são acusados de fazer jogo duplo. Tal é o caso de vários comediantes reputados, como Olga Androvskaia em vez de Schultz, Leonid Leonidov em lugar de Wolfensohn ou Geotze para o encenador Viktor Stanitsin.

Como acontece amiúde, o patriotismo afixado pelos paladinos da luta contra o "cosmopolitismo" nada fazia senão mascarar inimizades e baixos interesses financeiros. O caso mais patente foi o de Anatoli Sofronov, que acertava contas pessoais com Iuzovski. Sua peça farol *Um Caráter Moscovita*, que era representada em 94 salas de teatro, fora severamente criticada por Iuzovski. Havia o risco de que daí resultasse uma diminuição das apresentações acompanhada de uma baixa dos cachês. Quanto a Surov, que não escondia seu antijudaísmo, ele não havia suportado a crítica à sua peça *Bons Ventos!*, desancada pelo mesmo Iuzovski, que a julgava sem interesse. Ora, ela estava programada em 44 salas!

Quanta inveja, ajustes de contas e covardia se ocultam sob o verniz da pureza nacional! Uma atmosfera de suspeita invade o país. Os mais atingidos são os intelectuais e os quadros intermediários. Eles são rebaixados, demitidos de suas funções, transferidos arbitrariamente.

É de se lembrar o grito de dor de Pasternak: "Ó vergonha, tu pesas sobre mim como um fardo tão pesado de se carregar!"

Nessas condições, Maria Knöbel esperava, de um dia para o outro, um golpe funesto. A temporada teatral chegava ao fim. Maria recebe uma convocação do Ministério da Cultura, da direção dos teatros. O que significava essa diligência não habitual para uma simples comediante afastada de toda responsabilidade? Ela se perguntava, não sem certa ansiedade, se era para cumprimentá-la ou para repreendê-la.

Ela chega à rua Neglinnaia, não longe de seu antigo apartamento familiar. O guarda consulta sua lista e lhe indica com afabilidade a escada que conduz ao primeiro andar. Ela sobe desacompanhada, o que lhe parece um bom sinal. Ei-la toda ofegante, mais devido à sua apreensão do que pelo número de degraus. Perto do fim de um longo corredor se sucedem, em enfiada, portas anônimas e de cor indefinida. Ela bate naquela que lhe fora indicada. Um homem jovem e loiro, de um ar sobretudo agradável, em uniforme verde de funcionário da alfândega, levanta-se cortesmente e lhe faz sinal para sentar--se à mesa laqueada, disposta em ângulo reto em relação à sua escrivaninha. É preciso virar a cabeça para olhá-lo. Ele finge mergulhar em seus papéis, de onde retira uma folha cujo conteúdo lê. Maria fica petrificada. Ela só ouve as últimas palavras que a fazem tremer.

"Maria Ossipovna Knebel deve deixar o teatro de cuja linha estética ela não partilha." Por qual razão? Ela é uma discípula de Nemiróvitch e, por conseguinte, é estranha à linha de Stanislávski, que é de regra no Teatro Artístico. Acusação cujo absurdo era evidente. Poder-se-ia opor, um ao outro, os dois inspiradores do Teatro Artístico? Ela reconhecia aí a pata do novo diretor do Teatro Artístico.

Sua relação com Kedrov era péssima. Ela se recordava da cena que ele fizera quando, repelido em seus assédios, ela unira seu destino a um judeu, Naum Fried. Desde essa investida, Maria recusava-se a dirigir-lhe a palavra, o que não era fácil em um ofício no qual as pessoas se roçam continuamente. As coisas se complicaram no Estúdio de Arte Lírica e Dramática, onde eles compartilhavam do favor e do afeto de Stanislávski.

Maria se agarrava à esperança de que se tratava apenas de um mal-entendido. Tudo se esclareceria no retorno das férias. A campanha "anticosmopolita" estava em baixa e ela teria levado apenas um susto. Ela aproveitou o descanso estival para se lançar ao trabalho no quadro idílico de sua *datcha*. Daí resultou uma obra de mais de 150 páginas *Slovo v Tvortchestve Aktera* (A Palavra no Ator), exposição de todo o seu ensinamento no Estúdio Dramático e Lírico sob o controle de Stanislávski. "Técnica da Expressão e Lógica do Texto", "A Pausa Psicológica", "O Ritmo", outros tantos capítulos esclarecidos por exemplos extraídos da literatura. O aforismo de Stanislávski "Em arte, saber é saber fazer" encontrava aí sua plena justificação. Esse trabalho aprofundado será apresentado como tese para a obtenção do título de "candidato" a doutor em ciências teatrais. A defesa ocorreu no Conservatório em 1950.

No outono, precisou render-se à evidência: Kedrov se recusava a recebê-la, recusava-se a depositar seu salário. Ela não fazia mais parte da trupe. Antes de dizer adeus a essa casa que lhe era tão cara, Maria fez um giro pelo palco mal iluminado. Ela passeia pelos bastidores. Nunca mais sentiria o odor tão peculiar desse edifício que frequentava desde os vinte e cinco anos! O odor acre da cola, da madeira, das aparas, da pintura sobre os panos montados nas armações do alto do palco. Maria Knöbel se acha na cena inteiramente só; os maquinistas foram calçar o estômago. Um ruído de passos. Ela sai correndo.

Foi nessas tristes circunstâncias que Maria Knöbel pôde medir o preço da amizade. Não sem coragem, dois homens, Alexei Popov e Mikhail Tsariov, diretor do Mali, estenderam-lhe uma mão segura. Tão logo tiveram conhecimento da medida que a ferira, eles lhe propuseram, sem hesitar, acolhê-la cada um deles no teatro que estava a seu cargo. Era uma iniciativa ousada, na medida do golpe que lhe fora desferido, mas que se chocou evidentemente com o veto das instâncias oficiais. Esse gesto provava que a generosidade não havia desaparecido nas relações humanas. Além disso, sem a intervenção desses dois colegas, teria ela conservado seu emprego no Conservatório? Teria ela se tornado diretora artística do teatro dos ferroviários?

A Casa da Cultura dos Ferroviários

Maria Knöbel esperava ser, de um dia para o outro, expulsa do Conservatório onde então ensinava há mais de dez anos. Todos os dias, à chegada do correio, ficava morta de angústia. Iria ela receber o envelope de formato grande que continha a convocação para comparecer ao bureau do pessoal?

Para seu grande alívio, nada de desagradável se produziu. Uma boa fada velava sobre ela. Uma vez mais Alexei Popov veio em seu auxílio. Ele soubera que a Casa da Cultura dos Ferroviários procurava um diretor artístico para seu clube teatral. Ela se apresentou, sem alimentar ilusões, ao diretor da Casa da Cultura. Era um homem bochechudo e benevolente, um *bon vivant*, provavelmente relegado a essa função subalterna após alguma mancada. Guardava várias garrafas de vodca em seu armário e propôs a Maria Knöbel que brindasse com ele, o que dificilmente ela podia recusar. Todo lépido, ele lhe anuncia a boa nova; ela está contratada. Ele contava com ela para controlar um bando de jovens bastante indisciplinados.

A Casa da Cultura escapava em parte ao controle do Comitê do Repertório. Os ferroviários haviam herdado do antigo regime um estatuto de relativa autonomia. Além disso, confiava-se em seu instinto de classe para preservá-los de todo desvio ideológico ou estético. Ela dispunha, portanto, de certa liberdade na escolha das obras a montar. Como a prevenira o diretor, os comediantes eram difíceis de gerir. Tratava-se de uma trupe itinerante que dispunha de um vagão especial para apresentar seus espetáculos nos clubes culturais das grandes estações e dos nós ferroviários. Os comediantes eram muito jovens. Eles levavam uma vida alegre, farreavam, bebiam, os casais se faziam e se desfaziam. A arte não constituía sua preocupação maior. A metade do ano eles estacionavam em Moscou, a fim de preparar os espetáculos que iam apresentar. Maria se encarregava dos ensaios, mas não podia acompanhá-los em suas peregrinações, ao mesmo tempo por princípio e porque devia assegurar seus cursos no Conservatório.

É aí que ela foi obrigada a agir contra suas convicções. Como é dado lembrar, a peça de Surov, *Bons Ventos!*, tinha por quadro o meio dos ferroviários, o que a tornava incontornável. Ademais, acabavam de lhe conceder o Prêmio Stálin. O que podia fazer Maria Knöbel? Ela que havia sustentado a rebelião de seus camaradas do Teatro Artístico, via-se coagida e forçada a introduzi-la no programa do clube.

Como lhe observou judiciosamente Alexei Popov, Maria não tinha opção. Ela cumpriu, pois, com honestidade, o seu contrato, maldizendo ao mesmo tempo interiormente o autor dessas personagens estereotipadas que soavam tão falsas. Nunca repensava o caso sem experimentar um certo sentimento de vergonha.

Ela ficou livre dos seus escrúpulos quando soube que Surov era um falsário sem escrúpulos. Cinicamente utilizava, sem maior custo, Iaakov Warchavski, um desses críticos "cosmopolitas" que ele havia reduzido à miséria por suas acusações. Iaakov servia de escritor-fantasma; era ele o autor das peças de Surov. Como este esquecia muitas vezes de pagá-lo, ele não tinha nada a perder. Enchendo-se de coragem, Warchavski foi interpelá-lo no restaurante da União dos Escritores onde Surov tinha sua mesa. Aliás, as pessoas se perguntavam como um homem que passava, como ele, a maior parte de seu tempo diante de uma garrafa de vodca, injuriando todo escritor judeu que passasse a seu alcance, podia encontrar tempo para escrever. Nenhuma dúvida foi permitida quando Warchavski forneceu as provas de suas afirmações. Para salvar a honra da corporação, Surov foi temporariamente excluído da União dos Escritores...

Como a campanha contra o "cosmopolitismo" enfraquecia, Alexei Popov considerou que podia restituir a Maria Knöbel seu lugar no meio teatral. Tikhon Khrennikov, que era o primeiro secretário da União dos Compositores, lhe havia confiado a encenação da ópera que acabava de compor, *Frol Skobéev*.

Sua música não tinha nada de revolucionária e não corria risco de intimidar os conservadores que mandavam na cultura. O tema de sua ópera fora tirado de um *fabliau*, uma fábula satírica russa do século XVII. História truculenta que antes se tornava uma ópera-bufa, mas que respondia às aspirações de um público ávido de divertimentos. Alexei Popov propôs que lhe fosse permitido ter como assistente Maria Knöbel, o que lhe foi concedido sem dificuldade. Mas nesse país nada é obtido definitivamente.

Assistiu-se a um desses lances de teatro cujo segredo só o poder possui. Em 24 de fevereiro de 1950, os funcionários do Comitê do Repertório assistem ao ensaio geral. A sentença cai como um cutelo: a obra é fulminada com o interdito. O compositor trabalhou por nada durante mais de três anos, os encenadores e a trupe dedicaram-se com afinco em vão. Qual é a razão desse embargo? As razões permanecem obscuras e é de se perguntar se Khrennikov não fora vítima de uma cabala. A condenação, por seu lado, foi justificada por razões ideológicas. O compositor é acusado de ter dado prova de vulgaridade e de imoralismo ao tomar por herói um aventureiro, um gatuno capaz de tudo para adquirir riqueza e conseguir reconhecimento social por seu casamento com a filha de um rico boiardo...

Aconselharam a Khrennikov que remanejasse sua obra. Para lavar a honra russa da infâmia bastava mostrar que este intrigante Frol era um estrangeiro. A nova ópera foi denominada *O Genro Apátrida*. Essa nova versão teve a ventura de franquear o obstáculo da censura. Mas quanto tempo perdido, e que nova prova de um chauvinismo incorrigível.

A reintegração de Maria Knöbel no mundo teatral não se produzira, portanto. Ela se fez tão discreta quanto possível e se consagrou inteiramente ao seu trabalho de ensino e à sua atividade no clube dos ferroviários. Mas a vida emprestada dos caminhos imprevistos e o destino de Maria Knöbel deram uma inesperada guinada!

A Rede de Teatros Para a Juventude

No mesmo ano de 1950, Maria Knöbel tem a surpresa de receber um telefonema de Mesketeli, diretor administrativo do Teatro Central Para a Juventude. Ele ouvira falar dela como diretora do Teatro Ermolova e, depois, do clube teatral da Casa da Cultura dos Ferroviários. Ela deu provas aí de suas competências. Ele pensou em confiar-lhe a direção artística desse teatro. Tendo se tornado rotineiro, o Teatro Central perdera seu público. Seria necessário restituir-lhe o brilho que tivera em seu início.

Mesketeli é um homem robusto, bigodudo como todos os georgianos, e é com extrema cortesia ele faz essa proposta a Maria Knöbel. Como nunca tivera contato com um público de jovens, ela se pergunta que valor tem esse sinal de interesse. Seria isso também efeito da intervenção de Alexei Popov?

Ela ressaltou que jamais tivera de se haver, até o presente, com esse tipo de público, mas Mesketeli retorquiu que isso não tinha importância. O que contava era a autoridade e uma boa cultura teatral, que era o seu caso. No fundo de si mesma, Maria receava tornar-se cúmplice de um empreendimento de doutrinação da juventude, como fora o caso na Alemanha nazista, na Itália fascista e na França vichysta.

Não foi sem hesitação que ela aquiesceu a essa estranha proposta. Só bem mais tarde teve a chave do enigma. Nomeando-a, afastava-se Natália Satz, que desejava retomar à direção do teatro do qual fora desalojada. O destino dessa mulher infeliz, mas exigente, aparecerá no fim deste capítulo.

Aquilo que devia constituir apenas um parêntesis na carreira de Maria Knöbel lhe abriu acesso a um mundo maravilhoso. Ela havia de passar dez anos de sua vida nesse teatro onde deu o melhor de si. Os objetivos que lhe foram consignados eram bastante vagos. Dispunha finalmente de suficiente liberdade para empreender um verdadeiro trabalho de criação.

Concebido desde o início para crianças em idade escolar, esse teatro havia ampliado seu público. Ele se endereçava também a jovens adolescentes e até a adultos. Knöbel estava impressionada com o número de pais que acompanhavam seus filhos. Isso lhe lembrava sua própria juventude, quando descobrira o encantamento do teatro graças a seus pais. A despeito dos esforços a fim de ampliar o público atraindo "o proletariado", a maioria dos pais provinha visivelmente de meios cultos.

Para os bem pequenos, esse teatro se empenha em representar na cena o universo maravilhoso dos contos do mundo inteiro. Se o *Cavalo Corcunda* de Erchov, esse contemporâneo de Púschkin, gozava de prioridade, pois era uma exclusividade nacional, isso não excluía nem Perrault, nem Grimm, nem Collodi, nem os admiráveis contadores chineses. Era com arrebatamento que as crianças viam as personagens de seus livros serem animados.

Para os maiores, seguia-se o programa dos liceus e apresentavam-se, sucessivamente, as principais obras clássicas do repertório: *A Desgraça de Ter Espírito*, de Griboiedov, *Bóris Godunov*, de Púschkin, *Almas Mortas*, de Gógol, *O Doente Imaginário*, de Molière, ou *Os Três Mosqueteiros*, de Alexandre Dumas. Mas o teatro para o jovem público era também um cadinho para os autores contemporâneos. A única condição era a de apresentar personagens jovens.

Maria Knöbel sentia-se evidentemente apaixonada por essa diversidade. Ela estava particularmente à espreita das peças novas. Foi assim que fez a fortuna de Victor Rozov, autor dramático estreante. Gravemente ferido na guerra, ele se lançara na escritura dramática com a peça *Boa Sorte!*, que foi logo reservada por Maria Knöbel. Seu herói, Andrei, é um jovem que, ao sair do liceu, se insurge contra a hipocrisia da sociedade. Esse será um tema constante na obra abundante do dramaturgo. Através do conflito de gerações, ele mostrava a hipocrisia de uma sociedade espartilhada por um rigor moral que coexistia com o reinado do arbitrário e da injustiça. Sem desculpar seus erros, Rozov não julgava suas

A trupe do Teatro Para a Juventude (1951; à direita de Maria Knöbel, Victor Rozov).

personagens. Insurgindo-se contra a visão maniqueísta de um mundo povoado por heróis e traidores, ele mostra, em sua peça *Eternamente Vivos*, a confusão de dois jovens, Bóris e Marc, confrontados pela guerra. Victor Rozov se impôs pouco a pouco como chantre de uma nova Rússia, chegada à idade adulta. Foi isso que prendeu a atenção do júri do Festival de Cinema de Cannes que, em 1958, conferiu ao filme *Quando Passam as Cegonhas*, extraído desta obra, a Palma de Ouro por "seu humanismo, sua unidade e sua alta qualidade artística". Cabe lembrar as peças obreiristas de Pogodin. Tendo chegado a uma visão mais matizada da sociedade, ele entrega a Maria Knöbel uma peça com personagens de jovens bem desenhados. Com *A Três nas Terras Virgens,* associa-se à campanha visando ao arroteamento das terras incultas do Cazaquistão. Pogodin recusa-se a dar uma feição idílica às relações amorosas de Aliocha, Nina e Marc, todos embarcados nessa aventura, cuja gestão é catastrófica.

Não contente em suscitar a inventividade dos dramaturgos, Maria Knöbel dá oportunidade a jovens encenadores da nova geração. Eles foram, na maior parte, aliás, seus alunos. O mais talentoso, Anatoli Efros, apresenta suas provas ao lado deles. A ele é confiada a montagem da peça de Pogodin, tarefa da qual se desincumbe com inteligência. Ele se torna então o encenador titular de Rozov, cuja atividade é muito prolífica. A originalidade e o talento de Efros lhe valerão a hostilidade de seus pares e as humilhações das autoridades. Ele sucumbirá à tarefa após ter batalhado por muito tempo e rejuvenescido o repertório (encenação memorável das *Três Irmãs*) ou ousado montar uma peça proibida como *A Cabala dos Devotos*, de Bulgákov.

Outro de seus antigos alunos se revelará um condutor de homens. Oleg Efremov estreara como comediante em *O Cavalo Corcunda*, antes de tornar--se, com *Páginas de Minha Vida*, um dos principais atores das peças de Victor Rozov. O papel de Constantin Poletaev, que ele encarnava nessa peça, ressaltava bem a mistura de cinismo e de romantismo da nova geração.

Esse comediante de voz quente, que dominava todos os seus colegas por sua estatura, sentiu bem depressa o apelo da encenação. É então que, impulsionado pelo vento do Degelo, Oleg Efremov funda, com um grupo de jovens camaradas, o Teatro Contemporâneo. A audácia desse teatro lhe valerá o entusiasmo dos jovens e a perplexidade das autoridades. Sinal dos tempos, ele será chamado alguns anos mais tarde para dirigir o venerável Teatro Artístico de Moscou, ao qual restituirá a credibilidade...

Esses encontros, essas descobertas, essas colaborações e essa nova era foram particularmente fastos para Maria Knöbel. No Teatro Central Para a Juventude,

A VIDA DE MARIA KNEBEL

ela tinha o sentimento de estar preenchendo uma tarefa exemplar a serviço da criação. É verdade que a pressão das autoridades se fazia menos pesada e que era possível contestar as decisões da censura. No contato com os jovens, podia-se retomar a confiança no futuro do país, embora restasse muito a fazer para despertar uma população submetida a uma propaganda onipresente.

O Ateliê Experimental dos Teatros Para a Juventude

Segundo a feliz expressão de Ilia Ehrenburg, entrava-se no período do Degelo que introduziu uma certa forma de liberalismo. Ao denunciar os crimes de Stálin, as autoridades apagavam, com uma penada, os anos de terror. Os sobreviventes dos campos de trabalho fizeram sua aparição. Foi a rebentação de uma onda de vestes de moletom, o uniforme dos forçados, uma massa cinzenta que se precipitava nas ruas estupefatas sob os olhos de uma população meio assustada, meio compadecida.

O Teatro Central Para a Juventude tornou-se um dos polos maiores da renovação teatral daqueles anos. Sua atividade foi seguida de perto pelos responsáveis administrativos da cultura. Paradoxalmente, essa vigilância levou a uma radiação aumentada desse teatro. A responsável do Ministério da Cultura pelos teatros para a juventude contribuiu para o seu voo. Ela tinha seu escritório na sede da Sociedade Teatral da União Soviética. Este situava-se em um edifício encimado por uma cúpula característica, perto da praça Púschkin, na esquina da rua Górki. Ali funcionara a sede de um banco expropriado que ocupava essa posição excepcional.

No último andar, desemboca-se em um longo corredor com ar de hotel, de ministério ou de paquete. Atrás das portas anônimas encontravam-se "gabinetes de trabalho" especializados: teatros acadêmicos, teatros de província, teatros estrangeiros, teatros para a juventude. Os arquivistas organizam numerosos dossiês de imprensa que acabam nos escritórios do Departamento de Cultura do Comitê Central do Partido.

O "gabinete" destinado aos teatros para a juventude é reputado por sua eficácia e qualidade de gestão. Deve muito à personalidade de Maria Pukchanskaia, que o dirige há mais de dez anos. Seus cabelos curtos, cortados à *la garçonne*, denotam a comunista de convicção, mas, nesse nó de intrigas que é o meio teatral, ela se distingue por sua retidão e humanidade.

Pukchanskaia provinha de uma família modesta e devia seu acesso à cultura e a um posto influente apenas à sua adesão plena e inteira ao novo regime. Ela não podia deixar de experimentar um sentimento de inveja pelo percurso privilegiado da diretora do Teatro Central Para a Juventude, mas, uma vez rompido o gelo, elas constataram que partilhavam da mesma paixão: renovação do repertório, fidelidade a um estilo e coesão da trupe. Embora se reservando o direito de decidir em última instância, ela pedia a Maria seu parecer e manifestava grande interesse por suas atividades.

Maria Pukchanskaia realizava, ao menos uma vez por ano, uma inspeção em cada um dos vinte e sete teatros para a juventude que estavam sob sua responsabilidade. Ela alimentava a ambição de elevar todos ao mesmo nível de qualidade. Mas como vencer a tentação de fechar-se em si que têm os diretores de teatro muito imbuídos de sua autoridade?

Ela aceitou a sugestão de Maria Knöbel para organizar reuniões periódicas em torno de um projeto comum. À primeira reunião, compareceram quase a metade dos diretores de teatro. Diante desse grupo de homens, as duas mulheres se perguntavam se elas próprias teriam peso! Mas pouco a pouco uma atmosfera de confiança se estabeleceu no *bureau* de Pukchanskaia. O isolamento em que se encontravam alguns desses diretores era a fonte de um grande desencorajamento. A visita de um responsável, vindo da capital, podia atenuar tensões que estavam muitas vezes vivas na província.

Maria Knöbel apresentou a eles a sua experiência de professora no Conservatório e louvou-lhes os méritos de sua prática da "ação dinâmica". Eles decidiram então se constituir em seminários de estudos com reuniões regulares. Esse projeto comum teve como resultado aumentar a coesão entre eles em um momento em que os teatros para a juventude se tornavam modelos de modernidade. É que a vida começava a mudar.

A autoridade de Maria Knöbel no Conservatório foi reforçada por sua nomeação em 1954 ao grau de mestre de conferências. A análise dinâmica era oficialmente reconhecida como método de formação de comediantes.

Como em todos os verões, Maria se instalava na *datcha* que compartilhava com sua irmã Elena. Dessa vez, ela se atrelou ao que se tornaria sua obra principal: a história de sua vida no teatro. Ela procurava fazer com que seus futuros leitores partilhassem de sua paixão por esse ofício e evocava o semblante daqueles mestres que lhe haviam ensinado tanto.

Instalada no jardim, saboreava plenamente o esplendor da natureza. As ervas daninhas perfumam. Levantando a caneta, contempla um verdilhão que sacode a cabeça e embriaga com seu canto. Ao contato do ar, do sol, da floresta muito próxima, ela se sente libertada de todas as suas angústias. Enquanto prepara o jantar, Elena vem, em avental, ouvir Maria que lhe lê, à medida que escreve, aquilo que acaba de redigir. É essa obra que será publicada em 1967 sob o título *Toda uma Vida*.

Quando saiu, a obra recebeu um acolhimento entusiástico, não só do círculo estreito dos amantes de teatro, mas inclusive de parte de um público mais amplo. As pessoas estavam ávidas de tudo aquilo que pudesse reconciliar a Rússia com seu passado. Maria julgava ter cumprido seu contrato consigo própria, esperando que em um dia mais ou menos distante, os não ditos de seus textos seriam finalmente explicitados. Ela precisou deixar, com pesar, o Teatro Central Para a Juventude em 1960. Ela se perguntava o que havia acontecido com aquela que fora a origem desse teatro e que havia sido também prematuramente afastada. Eis o que ela pôde reconstituir.

Natália Satz e o Teatro Para a Juventude

Filha de Ilia Satz, o músico titular do Teatro Artístico nos seus inícios, Natália havia, desde muito cedo, manifestado interesse pelos espetáculos para crianças. Ela conseguira suplantar sua rival, Henriette Pascar, uma francesa apaixonada que havia obtido de Lunatchárski a direção do primeiro teatro da Rússia destinado às crianças. Depois de tê-la sucedido, precisou esperar dez anos até conhecer a celebridade. Em 5 de maio de 1936, o Teatro Central Para Crianças herdava a bela sala do Teatro Neslobin, liberada pela liquidação do Teatro Artístico n. 2.

Convencida da necessidade de dar o melhor às crianças, Natália Satz possui ampla visão. Ela tem uma ideia luminosa: Serguêi Prokofiev acaba de se instalar na União Soviética. O compositor, ele próprio pai de duas crianças, fica seduzido pela proposta de Natália Satz: entregando-se ao jogo, escreve o roteiro e compõe a música desse "conto sinfônico" que se intitula *Pedro e o Lobo*, destinado à notoriedade. Combinação arrojada de tradição e modernidade, profissionalismo e pedagogia, a obra recebe uma acolhida triunfal. A estreia é de bom augúrio para o Teatro Central Para a Juventude. Prosseguindo em seu impulso, Natália Satz volta-se para Alexei Tolstói que escreve, para ela, uma variante russa de *Pinocchio*, sob o título *A Chave de Ouro*. O autor ousa contestar a visão dos ideólogos que querem suprimir o recurso ao maravilhoso sob o pretexto de que este é um vestígio da sociedade capitalista. Tratado em estilo de circo, com animais que falam e marionetes que adquirem vida, esse espetáculo reivindica o maravilhoso. As personagens de Burattino (variante de Pinocchio), Malvina, a feiticeira, Papa Carlo, Pierrô e outras máscaras irão se ancorar por muito tempo no imaginário russo.

A Arte Soviética, revista oficial a mais não poder, não poupa elogios a esse trabalho:

"*A Chave de Ouro* não deve seu sucesso simplesmente ao talento do autor, da realizadora e de Koroneva (Burattino). É o sucesso de um gênero maravilhoso, o conto teatral, que por razões obscuras caíra durante muitos anos no esquecimento."

Natália Satz frequenta os detentores do poder. Ela se vangloria do apoio de um membro eminente do Birô Político do Partido Comunista, Anastase Mikoian. Israel Weitser, seu marido, é Comissário do Povo do Comércio Interior. Ela frequenta o salão do marechal Tukhatchévski, protetor das artes e que parece destinado a um brilhante porvir. Seu sucesso será sua perda.

O ano de 1937, com seu cortejo de desgraças, não vai poupar Natália Satz. No mês de junho, o marechal, e com ele vários generais, são presos sob a acusação de traição e executados após um julgamento expedito. Pouco tempo depois, o marido de Natália sofre a mesma sorte. Detida, por sua vez, Natália é condenada a cinco anos de reclusão, o que é considerado uma condenação "leve"...

Ela é enviada para o grande canteiro de obras da barragem de Ribinsk sobre o Volga. Ávidos de distração para si, os guardas e suas famílias, os dirigentes do campo, a encarregam de montar espetáculos de variedade. Ela reúne uma trupe de detidos muito felizes com a sorte inesperada. Tendo desencavado músicos judeus poloneses que haviam conseguido conservar seus instrumentos, organiza concertos de jazz numa época em que essa música ainda era tolerada.

Natália Satz, tendo cumprido sua pena, é compelida a residir no Cazaquistão. Obtém das autoridades de Alma Ata licença para criar um teatro dedicado às crianças que logo ela própria irá dirigir. Em seu retorno a Moscou, está persuadida de que poderá recuperar seu lugar à frente de um teatro que de fato declinou em sua ausência. Maria Knöbel compreende a amargura que provocava nela essa nomeação, que Natália considerava uma usurpação. Mas, apesar

A VIDA DE MARIA KNEBEL

de seus esforços para desalojar a nova diretora, ela não pôde vencer o veto das autoridades, que se opõem à escolha de uma antiga detenta para ocupar uma função prestigiosa. Ela consegue, como quinhão de consolo, a direção do teatro musical para crianças criado em sua intenção na periferia de Moscou.

Dublin 1968: "O Jardim das Cerejeiras" no Abbey Theater

Após a morte de Alexei Popov, sobrevinda em 1961, a direção do Teatro do Exército Soviético é conferida a seu filho, Andrei. Maria revia nele os traços do pai, a quem ela tanto havia amado. Cheio de energia, Andrei acumulava as funções de comediante, encenador e administrador. Após ter sido expulso do Teatro Stanislávski por suas repetidas audácias em matéria de repertório e de *mise-en-scène*, ele se reencontrava na bela casa, dirigida durante muito tempo por Alexei. Ele confiou a Maria Knöbel a encenação da última peça de Anton Tchékhov: *O Jardim das Cerejeiras*. Andrei estava convencido de que ela saberia encontrar acentos novos nessa peça que se tornara um clássico. O resultado correspondeu às suas expectativas. O papel de Liubov Ranevskaia fora confiado a Liubov Dobrjanskaia, uma comediante de primeiro plano, especialmente apreciada por Maria e amada pelo público. Quanto a Andrei Popov, ele desempenhou o papel de composição de Epikhodov, cuja falta de jeito era fonte de comicidade...

Algum tempo depois devia ocorrer o Festival Teatral de Dublin. A embaixada da Irlanda em Moscou assinalou a qualidade desse espetáculo, que foi convidado a participar do referido Festival. O convite foi endereçado ao Ministério da Cultura da URSS. Como de costume, este reservou sua resposta na expectativa de uma decisão no mais alto nível.

Não ia para o exterior quem queria, era sempre uma recompensa que se pagava pela obrigação humilhante de se fazer um relatório detalhado aos serviços especiais. Isso implicava, no mínimo, na enumeração das pessoas encontradas, sobretudo se eram emigrados originários da Rússia. Era preciso ser muito circunspecto na redação desse relatório, pois a vigilância era constante, até no estrangeiro.

Maria Knöbel tinha então setenta anos. Ela que durante sua juventude viajara regularmente com sua família um pouco por toda a Europa, desde as costas do Báltico até as do Mediterrâneo, não havia transposto as fronteiras russas há cinquenta anos! Com uma exceção, é verdade: a turnê do Teatro Artístico a Paris, e isso havia trinta anos! Mas os comediantes eram submetidos a uma tal vigilância, que ela tivera a impressão de não haver deixado o solo da União Soviética! Sentiu-se tomada de novo pela exaltação da viagem, pelo desejo de novas paisagens, de curiosidade por países distantes.

Ninguém por lá se dava conta do vagalhão que sacudia a maior parte dos países da Europa nesse ano de 1968. Quando muito, o poeta Andrei Voznessenski fizera aparecer no *Pravda* uma nota de humor na qual zombava da juventude dourada e repimpada que metera na cabeça revolucionar o mundo.

A Irlanda fora poupada desse vento de contestação. Eis um dos argumentos que incitaram as autoridades a dar seu sinal verde. Quando soube da notícia, Maria Knöbel foi tomada de pânico. Ela previa *démarches* administrativas complicadas e cheias de emboscadas.

Para enxergar isso com mais clareza, irrompeu na casa de Grigori Fried, residente no mesmo prédio que ela. Primo de Naum, seu ex-marido, era o compositor do teatro e fora a ele que Maria encomendara a música de *O Jardim das Cerejeiras*.

Ela lhe falou de sua perplexidade. Receava a entrevista prévia na sede da Administração do Comitê Central do Partido Comunista, na praça Maior. Será que não iriam testar seu nível de consciência política? Ela não sabia sequer quem era o ministro da Cultura. Ele a tranquilizou. Tudo correu da maneira mais banal possível. O funcionário que a recebeu limitou-se a abordar questões práticas. Ela teria direito a uma pequena importância em libras esterlinas para fazer frente a algum imprevisto. O Consulado da Rússia em Londres lhe adiantaria, no aeroporto de Heathrow, uma soma mais ponderável a ser deduzida de seu cachê, que ela deveria entregar a esse mesmo serviço na sua volta. Entregaram-lhe as passagens de avião e o passaporte. Ela levara apenas um susto.

Todos os seus amigos a acompanharam ao aeroporto. Ela sentia um aperto de emoção e estava terrivelmente excitada por fazer essa viagem em avião pela primeira vez em sua vida. Uma vez instalada, tentou em vão perceber as costas da Letônia, lembrando-se das férias passadas à beira-mar em Iurmala, onde brincava na areia com sua irmã e seu irmão. Como tudo aquilo era irreal agora!

Em Heathrow, esqueceram-se dela. Passou seis horas de espera, sem comer, numa poltrona desconfortável, antes do embarque para Dublin. Ela adentrou em um mundo de cuja existência quase havia esquecido.

À sua chegada, foi acolhida pelo diretor do Festival, um homem charmoso e atencioso que respondia pelo nome de Ken. Maria ficou impressionada pela qualidade do intérprete que fora colocado à sua disposição. Ken pegou obsequiosamente sua valise e, durante o trajeto até o hotel, lhe fez saber que ouvira falar muito dela e que esperava com impaciência essa mensageira da grande escola russa, bem conhecida em seu país. Para ocupar seu tempo livre, previra um programa de visitas turísticas. Os ensaios começariam dentro de algumas semanas. Diante desse anúncio, Maria Knöbel reagiu vivamente. Não viera de tão longe para passear, ela deu a entender a seu hospedeiro, aliás, tão encantador, e que contava de fato começar o mais cedo possível. Na Rússia o trabalho de ensaio podia durar seis meses! Tal exigência fazia parte dessa cultura teatral que ele apreciava tanto. Mas os dois artistas principais, Siobhán McKenna (Ranévskaia) e Ciril Cusack (Gaev), encontravam-se em turnê e só voltariam a Dublin ao cabo de quinze dias. A *première* estava marcada para 7 de outubro, e Ken assegurou que faria todo o possível para começar o trabalho sem retardo. Maria pediu para encontrar a trupe o mais depressa possível.

Visto que seria demasiado custoso deslocar até lá toda a trupe do Teatro do Exército Vermelho, Maria deveria trabalhar com comediantes irlandeses. Seria o intérprete capaz de passar suas palavras, suas indicações e suas sugestões? Felizmente, a palavra não é o único meio de comunicação. Ela era a primeira a sabê-lo. A entonação, os gestos e os olhares criam a cumplicidade necessária entre o encenador e os atores. Ela estava inquieta, apesar de tudo. Como conseguiria transmitir essas palavras, essas imagens, essas emoções que formavam a carne da obra de Tchékhov?

Siobhán McKenna merecia sua reputação de grande comediante. Como se verá na segunda parte deste relato, houve logo uma verdadeira cumplicidade entre elas. Um dia, superando seu medo de parecer importuna, a comediante fez alusão à sua participação no filme *Doutor Jivago*, dirigido por David Lean. Ela desempenhava aí um papel episódico, o de Anna Gromeko, a mãe adotiva do pequeno Iuri. Ela lhe pergunta se o filme é fiel ao romance. Qual não foi sua estupefação ao saber que o filme estava proibido na União Soviética, assim como o romance, aliás. Maria teve de reconhecer lastimavelmente que não havia visto o filme e, felizmente, a censura tampouco. Se tivessem feito a relação com a estrela do Abbey Theater, Maria Knöbel não teria sido certamente autorizada a viajar para Dublin.

Mas nem todo tempo era dedicado aos ensaios. Quando tinha oportunidade, Maria escapava para passear por essa cidade tão sedutora. Lá havia, evidentemente, numerosas igrejas católicas, mas ela sentia-se particularmente atraída pela imponente catedral luterana que lembrava a presença inglesa. Ela sentava-se num banco de onde contemplava esse interior pleno de sobriedade. O organista ensaiava trechos para o culto do domingo. Era com enlevo que ela o escutava. Maria recordava-se de sua infância embalada pela música coral que acompanhava o serviço. Os três filhos seguiam na igreja de São Pedro e São Paulo os cursos da escola dominical. Foi lá que eles haviam adquirido a cultura bíblica que impregna tantas obras dramáticas e literárias. Ela adorava as narrativas maravilhosas dos Patriarcas, dos Reis e dos Profetas. Em Moscou não existiam mais igrejas luteranas, o passado fora abolido e, com ele, suas lembranças de infância. Ela estava órfã, perdera seus pais, seu irmão e sua irmã. Só a livrava da solidão o mundo tão vivo do teatro, que era a sua família.

Ela teve a surpresa de ouvir o reconhecimento de um pastor protestante que havia assistido a uma das representações de *O Jardim das Cerejeiras*: "Nós estávamos persuadidos de que somente a Igreja podia pregar o Bem; vejo agora que o teatro também é capaz disso. Nós, a gente da Igreja, devemos proclamar que a arte e o Bem são inseparáveis."

Após esse mês passado em Dublin, não foi sem uma pinçada no coração que ela se despediu daqueles que haviam se tornado cúmplices e amigos. Ela sabia que não os reveria mais, porém a vida é feita assim. Apesar de tudo, estava contente por voltar para casa e reencontrar-se no meio dos seus.

Em seu regresso teve a impressão de sair de um sonho, tão grande era o contraste entre as duas cidades. Moscou era tão cinzenta e desoladora. Felizmente, ela reencontrava seus camaradas e suas atividades, tanto no teatro como no Conservatório. Não devia se deixar levar pelas comparações e chorar sobre esse mundo trágico do qual ela era uma parcela. Doravante só contava o presente, tanto mais que o peso dos anos se fazia sentir. Esperava ela receber felicitações de parte das autoridades? Ela fora um bom soldado, contribuíra para oferecer uma boa imagem de seu país no exterior. Pouco após o seu retorno, precisou dirigir-se sem tardar à Velha Praça, no Departamento da Cultura. Era para felicitá-la por seu notável trabalho? Iriam, ao contrário, admoestá-la por sua liberdade de palavra? Não foi sem uma certa apreensão que retornou ao imóvel acinzentado no qual estivera, toda temerosa, antes de sua partida. Contrariamente à sua expectativa, foi recebida por um personagem subalterno, um simples secretário que parecia com o inspetor que a recebera na primeira vez, como uma gota d'água. Jovem e cortês, mostrava-se um pouco embaraçado:

Maria Knöbel e Siobhán McKenna no Abbey Theatre, em Dublin (1968).

– Maria Ossipovna, sabemos que a senhora é uma grande artista, mas a senhora foi um pouco distraída. Nós temos um problema que, é verdade, deve lhe parecer de pouca importância. A senhora poderia nos ajudar a resolvê-lo? Para acertar suas despesas de missão, precisamos das faturas. A contabilidade não as encontrou.

Maria Knöbel não compreendia onde ele queria chegar. Ela havia remetido ao Consulado Soviético a totalidade do cachê que recebera do Abbey Theater. Tirara antecipadamente uma pequena parcela, a fim de efetuar compras para si e, sobretudo, para levar presentes. Após a entrega das faturas que havia guardado, o caso foi prontamente acertado. Isso foi tudo. E ela que acreditara que seria recebida pelo ministro em pessoa!

Ela confiou a seus amigos que tinha apenas uma coisa a deplorar. Nos cartazes do Festival, ela era apresentada sob o nome de "Maria Knebel", tal como figurava em seu passaporte. Não haviam se lembrado de lhe perguntar qual era a ortografia de seu sobrenome em caracteres latinos. Ela gostaria tanto que fosse escrito em sua forma autêntica de "Knöbel", esse sobrenome herdado de seu pai e do qual sentia orgulho.

A Memória Ressuscitada

Maria Babanova

Depois que Oleg Efremov fora colocado à testa, o Teatro Artístico encetou um processo de renascimento. Ele convidava jovens encenadores. Por recomendação de Maria Knöbel, aceitara como estagiário um aluno do 5º ano, cujas capacidades, acuidade de visão e originalidade ela louvava. Consciente de seu valor, esse estudante tivera relações tempestuosas com sua orientadora e abandonara sua orientação para ligar-se a outro professor do Conservatório, Andrei Popov, que se lhe impôs rapidamente. Consciente do talento desse jovem aluno, Maria Knöbel não se escandalizou, e Efremov lhe ficou agradecido por ela ter-lhe enviado esse estagiário. Desde a obtenção de seu diploma, Anatoli Vassíliev foi contratado pelo Teatro Artístico na qualidade de assistente de encenação. Seu primeiro trabalho, *Solo Para um Relógio de*

Carrilhão, do dramaturgo eslovaco Oswald Zagradski, foi um êxito. Essa peça tinha como quadro uma casa de retiro para artistas. Seu ascendente lhe serviu. Ele conquistou as boas graças dos comediantes mais antigos da trupe que olhavam com apreensão a chegada desse fedelho.

Ele comunicou ao diretor do teatro um projeto audacioso. Haviam-lhe contado que se representava em Paris uma peça insólita, *Dias Felizes*, obra singular de um autor meio francês, meio irlandês, Samuel Beckett. O interesse dessa peça era o seu questionamento de toda a concepção tradicional da obra dramática. A vida humana era considerada em sua fragilidade, fora de toda consideração racional e cultural. Era a consagração do absurdo da existência.

Efremov se mostrou entusiasmado com a ideia; confiou a Anatoli Vassíliev o cuidado de montar esse espetáculo que devia levar o Teatro Artístico a ingressar na modernidade. Tudo se baseava no papel tão estranho e tão exigente que cabia a Winnie. Como encontrar no teatro russo uma comediante capaz de assumir esse papel desconcertante? Era preciso qualidades situadas nas antípodas da tradição russa, dar prova de impassibilidade, de ausência de emoção, de um grande domínio das entonações. Era preciso ser capaz de manter toda a plateia em suspenso durante toda a duração do espetáculo, que era um longo monólogo. Era preciso também uma comediante "no esplendor da idade". Foi então que uma ideia luminosa se impôs a todos: Maria Babanova. Somente ela podia lançar-se nessa perigosa aventura.

Como ela vivia semirreclusa no apartamento que ocupava no centro de Moscou, Maria Knöbel ficou encarregada de sondá-la. Aceitaria ela esse desafio? Após longas hesitações, aceitou ler o texto da peça que acabava de ser traduzida para o russo. Logo corre a grande nova: Babanova faz seu retorno! Anatoli Vassíliev não esconde sua emoção, sua alegria, seu orgulho e um pouco de sua apreensão.

Ela investiu todo o seu charme, toda a sua inteligência, toda a sua experiência a serviço desse papel sem idade, em ruptura completa com a poética tradicional. Maria espera por isso: Babanova foi de pronto à personagem. A corrente inovadora se felicitava por essa escolha que faria sensação no meio teatral de Moscou. Brigava-se para assistir aos ensaios.

O trabalho alcançava seu auge na Filial do Teatro Artístico, quando a saúde de Babanova começa a se degradar. Ela mal conseguia permanecer de pé durante todo o transcorrer da peça. Teve um mal-estar em cena. Todo mundo acorreu para ajudá-la. Maria Knöbel se lembrava com horror da morte súbita de

Khméliov! Os ensaios tiveram de ser interrompidos, e Maria Babanova, que sofria de um câncer, iria morrer um ano mais tarde, em 1983. Ela foi enterrada no cemitério de Novodiévitchi. Pouco a pouco, Knöbel via partir todas as pessoas que lhe eram caras. Ela não podia evitar perguntar-se quando chegaria a sua vez... Quanto ao Teatro Artístico, levou tempo para curar sua ferida. Ele havia perdido uma ocasião única de juntar-se à corrente da modernidade.

Joseph Knöbel

No crepúsculo de sua vida, Maria Knöbel conseguiu realizar dois de seus desejos mais queridos. O primeiro dizia respeito ao seu pai. Em 1980, foi inaugurada uma placa comemorativa que reconhecia sua contribuição para a difusão do patrimônio artístico da Rússia. Uma breve cerimônia reuniu sobre a calçada da Passagem Petrovka, no local onde se situavam as edições conhecidas sob o nome de J. Knebel, um público esparso de conhecedores. O segundo consistia em ressuscitar Mikhail Tchékhov na memória de uma pátria que havia rejeitado seu filho. Voltaremos a falar mais tarde dessa última vitória de Maria Knöbel.

Mas a homenagem prestada ao editor Joseph Knebel ia ter ramificações mais profundas. Maria notou a presença de uma bela jovem de cabelos loiros como linho. Era uma ucraniana, conservadora de um museu local, o da cidade de Buczacz. Antigamente vinculada ao Império Austro-Húngaro, a Galícia fazia agora parte do espaço soviético. Seu caráter cosmopolita a convertera em um grande foco de cultura. O museu se orgulhava de possuir documentos sobre as celebridades oriundas desse canto distante: Samuel Agnon (Schmuel Iosef Tchatchkes), Prêmio Nobel de literatura, Lee Strasberg (Israel Strassberg), diretor artístico do Actor's Studio, muito influenciado pela escola russa de teatro, ou ainda Simon Wiesenthal, caçador de nazistas. Ela convidou Maria à *vernissage* da exposição consagrada a Joseph Knöbel, este outro filho de Buczacz. Maria Knöbel, que enviara diversas obras publicadas por seu pai, empreendeu evidentemente a viagem, a despeito das dificuldades que tinha doravante para se deslocar.

Não havia mais do que uma dezena de pessoas na pequena sala do museu. Podia-se admirar as capas desenhadas para as obras e as revistas da literatura

A VIDA DE MARIA KNEBEL

simbolista, cujo grafismo elegante estava em consonância com o espírito da época. Via-se nas vitrines exemplares da célebre coleção de *A História da Arte Russa*, que se tornara inencontrável, álbuns de pinturas contemporâneas, livros para crianças ou monografias sobre a história da arquitetura ou da vestimenta. A diretora do museu traçou em breves palavras a vida do diretor das edições J. Knebel.

Sua família fazia parte da comunidade de judeus assimilados. Seu pai, Nikolai, era um notável, um *maskil*, um ilustrado, membro do conselho municipal. Em seguida, ela falou da partida de Joseph para Viena e, no fim de seus estudos, da escolha inesperada de Moscou. Ela terminou sua apresentação rendendo homenagem às tropas soviéticas que haviam libertado Buczacz da barbárie alemã.

Maria Knöbel notou que seu vizinho fazia careta. Ela lhe sorriu. Ele lhe sorriu. Tratava-se de um homenzinho atarracado. Usava uma *kipá* (solidéu).

À saída do museu, ele segura a velha senhora pelo braço e lhe diz em voz baixa: "Venha comigo, vou lhe mostrar uma coisa." Ele a conduz, então, pela praça da cidade, onde se ergue a inevitável igreja polonesa e, a seu lado, uma construção em ruínas. À sua interrogação muda, ele responde que se tratava de uma sinagoga.

Na saída da cidade, há um campo coberto por uma espessa camada de neve. Foi o campo em que desde sua chegada, em julho de 1941, os *Sonderkommandos* (Seções Especiais) entraram imediatamente em ação. Reuniram todos judeus da localidade, ao menos todos aqueles que não tiveram a boa ideia de fugir. Era verão, fazia bom tempo, o sol brilhava. Os adultos, homens e mulheres, foram requisitados para cavar trincheiras. Munidos de pás e picaretas, cumpriam a tarefa com aplicação. Quando esta acabou, as ferramentas foram recolhidas. Eles perceberam que havia atrás deles uma linha contínua de soldados com capacetes, em uniformes negros, que apontavam fuzis em sua direção. Veio então a ordem para que se alinhassem ao longo dessas trincheiras, homens, mulheres e crianças, e, tão logo o fizeram, ouviu-se o grito: "Dispam-se!"

Eis toda essa população a tremer de medo e de vergonha na beira do fosso. Só se ouve os gritos das crianças apavoradas. As armas de fogo se põem a crepitar. Os corpos tombam. Pouquíssimos gemidos. Ao cabo de uma meia hora, todo espaço ficou limpo. *Judenfrei*, como dizem os homens do *Sonderkommando*.

Agora tudo está recoberto de neve, mas tudo foi tão bem enterrado que mesmo no verão a terra não liberta seu segredo. Maria Knöbel tremia com

Capa da *História da Arte Russa* de Igor Grabar.

A VIDA DE MARIA KNEBEL

todo seu corpo. As autoridades soviéticas haviam se encarniçado em baralhar as pistas. Em Moscou, não se sabia senão por ouvir dizer das exações contra os judeus; era um assunto tabu. Fora proibido desde 1948 a publicação do *Livro Negro*, no qual dois escritores soviéticos, Ilia Ehrenburg e Vassili Grossman, haviam revelado o calvário dos judeus sob a bota nazista. A posição oficial era que todos os soviéticos tinham sido perseguidos pelos alemães, os judeus não mais do que os outros.

Súbito uma dúvida lhe atravessou o espírito. Não era isso uma provocação emanada de um inimigo da União Soviética? De fato, seu interlocutor lhe dera a entender que os judeus continuavam a ser objeto de discriminação. Para dissipar suas dúvidas, ele lhe contou, com soluços na voz, como assistira a essa cena de Apocalipse. Tinha seis anos, seus pais o haviam confiado aos Sitruk, vizinhos católicos. Sua casa dominava a planície. Em cima de um tamborete, o menino olhara pela janela de postigos semifechados. Estava pregado na vidraça, hipnotizado por essa visão atroz, aterrorizado pelo que via.

É preciso remontar aos mitos antigos para ver-se confrontado com uma crueldade tão implacável. Um filho que mata a mãe, uma esposa, seu marido, uma mãe, seus filhos. Laocoonte e Niobe choravam seus filhos que sucumbiam à cólera dos deuses. Mas um grau a mais fora transposto com o horror desses massacres em massa. Quando triunfam a morte, a crueldade e o menosprezo, há um só lugar onde a palavra ousa elevar-se para denunciar o mal. Ela responde à violência não pela violência, mas pela clarividência. A clarividência manifestada por um Shakespeare! O que há de mais eloquente do que a figura roída pelo ódio de um rei disforme e coxo, mas sedutor, revelando um gosto perverso pela crueldade? Ou então as encantadoras filhas, belas e ricas, que não hesitam em despojar o pai, em matar seus servidores e arrancar-lhes os olhos, em deixá-lo nu sobre a charneca batida pela tempestade! Quando ele revela sua natureza no palco, o carrasco desperta no público a consciência do horror de uma humanidade desumanizada. Na cena não há hipocrisia, o próprio malvado se expõe. Não há admiração malsã pelo algoz, que se revela como um ser degenerado que não tem mais nada de humano. Se há purificação das paixões, é pela denúncia do mal, pela revelação de sua verdadeira face.

Ela se lembrava das confidências que lhe fizera Victor quando fora seu aluno. O teatro era para ele uma terapia. Ele lhe confessara, sob o selo do segredo, que fizera parte da polícia política, o tristemente famoso Comissariado do Povo Para Assuntos Internos (NKDV). Atrás de uma escrivaninha impessoal, plantava sua lâmpada nos olhos de seres humanos a quem ele devia quebrar, por não importa qual meio, e que ele enviava, sem piscar, à morte. Ele fazia parte de um mundo em que as pessoas desprezavam seus semelhantes, os humilhavam, os espancavam, os faziam gritar, organizavam seu sofrimento. Ele se dava conta de que poderia estar no lugar deles. Quando pensava em seus antigos colegas, Victor se perguntava como era possível ser um homem "normal", ter uma família, filhos, e voltar para casa sem pensamentos incômodos após um dia (ou uma noite) desse trabalho de carrasco. Todos eles têm boa consciência, são bons cidadãos, julgam que estão cumprindo seu dever a serviço de uma causa que consideravam sagrada. A maioria afunda no alcoolismo para esquecer ou para suportar a si mesmos. Às vezes se suicidam.

O pior era o manejo da pistola. Ele tira a pistola de seu estojo. Um homem está diante dele. Está nu, e ele não o vê senão de costas. Aponta para a nuca, apoia o dedo no gatilho. Cem vezes, duzentas vezes. A ponto de sentir cãibras na mão e dores no indicador. Que trabalho fastidioso! A bala sai pela testa, o sangue corre, os olhos do cadáver estão convulsos. Ele sonha à noite com uma fileira de nucas cobertas de respingos rubros.

Este horror ressuma tudo. O desprezo dos homens, o ódio da vida. Um estranho parentesco une os inspetores do NKDV e os soldados do *Sonderkommando*!

O Adeus

Moscou sacode seu casacão hibernal. A primavera se impõe em alguns dias e as árvores dos bulevares se cobrem de um manto rendado de folhas de um verde tenro. Nesse dia de junho de 1985, o primeiro do mês, para ser preciso, Maria Knöbel havia acabado o seu percurso por essa terra. Tinha sido a testemunha de uma época finda que se esforçava para tornar os humanos mais humanos. Ela se empenhara em manter a integridade de uma palavra verdadeira. Podia ela duvidar que nesse mês de junho a *perestroika* mostrava a ponta de seu nariz, liberando a palavra, liberando uma sociedade bloqueada? O numeroso público reunido no anfiteatro do Conservatório para lhe render uma última homenagem sente as primícias de uma mudança. No palco, um ataúde aberto deixa ver um pequeno semblante de aspecto sereno. A tampa se ergue sinistra ao seu lado. Forrada de vermelho, pois a falecida

A VIDA DE MARIA KNEBEL

fora condecorada com a Ordem da Bandeira Vermelha, o caixão está rodeado por duas filas de alunos que se mantêm em posição de sentido, portando uma braçadeira negra. A cena está juncada de uma multidão de buquês de flores trazidos por amigos, colegas, autoridades e antigos alunos...

A retórica das exéquias se põe em marcha e no púlpito, situado ligeiramente na lateral, sucedem-se os representantes do Ministério da Cultura, da Seção Cultural da Prefeitura de Moscou, depois os diretores dos principais teatros. Nessa quente jornada de junho, os oradores sucedem-se na tribuna, rivalizando em louvores.

Encontram-se lá todos os seus parentes, antigos alunos, colegas, cúmplices: Oleg Efremov, diretor do Teatro Artístico, Iuri Liubimov, do Taganka, Andrei Gontcharov, do Teatro Maiakóvski, e Anatoli Vassiliev. Estão evidentemente presentes aqueles que participaram com ela da aventura dos teatros para a juventude, Adolf Schapiro, Lev Dodin, Iuri Kissiliov... Maria Knöbel, que era a discrição em pessoa, se vai na glória desse mundo. O teatro sabe reconhecer aqueles ou aquelas que o serviram bem. Porque é efêmero, ele deixa em sua esteira um sopro de eternidade.

O cortejo se movimenta até a igreja em que as exéquias são acompanhadas de cantos litúrgicos *a cappella* de uma beleza pungente. Como para lançar um desafio a uma sociedade que combatia toda expressão religiosa, Maria Knöbel tivera de ser enterrada no rito ortodoxo. Cogitou-se dar repouso ao seu ataúde na quadra dos artistas, no célebre cemitério de Novodiévitchi, mas, no último momento, ela fora vítima da velha inimizade suscitada por sua liberdade de tom e seu espírito de independência. Aquela que havia sido sempre uma franco-atiradora será enterrada à parte dos grandes deste mundo. Ela repousa no cemitério Vvedenski, o cemitério alemão de Moscou, ao lado de seu pai, de sua irmã e dos despojos de seu irmão Nikolai, trazidos de Berlim em um caixão de zinco.

Maria Knöbel partiu deste mundo na certeza de haver cumprido sua missão na terra. Ela deixa atrás de si o testemunho de uma vida consagrada à arte do teatro. Teve a ventura de constatar, antes de partir, que conseguira fazer reviver a memória de Mikhail Tchékhov, seu primeiro mestre, essa figura marcante do teatro mundial.

Mikhail Tchékhov Recuperado

Os últimos dias de Maria Knöbel foram tranquilos. O câncer que a corroía lhe dava algum descanso. Ela sabia que não seria mais por tempo muito longo, mas estava serena. Bom ano, mau ano, ela passou seus três últimos no hospital. Primeiro por uma grave afecção pulmonar. Não sem praguejar, resignara-se a pedir uma licença e depois repetidas licenças. Assim que podia sair do hospital, apressava-se a voltar ao seu querido Conservatório. Seus alunos lhe faziam terrível falta. Apenas reposta de sua fratura do colo do fêmur, ela se forçava ainda a ministrar cursos. Todas as quartas-feiras, subia os dois andares que conduziam à sua sala de aula. De fato, não subia por eles, mas pedia que a transportassem, o que os alunos faziam com os braços cruzados formando um assento. Eles não tinham a menor dificuldade de carregar esse corpo frágil, que não pesava mais que um passarinho, e içá-lo até a sua poltrona magistral. Um dos fiéis de Maria Knöbel a descreve assim à época: "Ela rejuvenescia no correr dos anos. Cada vez mais os traços irregulares de seu rosto eram transfigurados por essa luz interior que irradiam os raros eleitos que tiveram a felicidade de encontrar o sentido de sua estada na terra."

Restava-lhe uma última tarefa a realizar antes de sua partida. Ela a cumpriu até o fim. Graças a ela, Mikhail Tchékhov retomava todo o lugar que lhe cabia no panteão da cultura russa. No entanto, isso não foi sem rudes combates.

Como todos aqueles que haviam deixado o país, ele era considerado um pária, um não ser. Pondo em jogo seu prestígio, Maria Knöbel obtivera das edições "Isskusstvo" um projeto de publicação de uma obra dedicada a esse homem de teatro. Nesse fim de reinado, o partido no poder relaxava um pouco seu controle sobre a vida artística e intelectual. Após ásperas discussões, Maria Knöbel levara seus interlocutores a admitir que se tratava de uma obra comemorativa, uma coletânea de textos teóricos de Mikhail Tchékhov, e de sua correspondência completada pelos testemunhos de contemporâneos.

Maria encontrara, em Natália Krimova, uma aliada cheia de energia, tão combativa quanto ela. Essa crítica teatral, respeitada por sua pugnacidade e exigência, esposa do encenador Anatoli Efros, aliava um conhecimento aprofundado da história e da prática do teatro a uma aguçada consciência política. Com a condição da pessoa se armar de paciência, tudo se podia negociar.

Natália Krimova estava animada sobretudo pelo combate contra uma burocracia obtusa. Para Maria Knöbel, somente uma coisa contava: o resultado. Era preciso restituir a palavra ao homem de teatro pelo qual sua admiração nunca enfraquecera. Ela julgava, ademais, que sua visão da arte do teatro traria uma lufada de ar fresco em um mundo esclerosado, submetido a coações e *diktats* incompatíveis com a criação artística. Dar a conhecer seu ensinamento era abrir uma brecha na fortaleza pseudostanislavskiana em que estava encerrado o teatro soviético. Enquanto permanecia desconhecido em seu país natal, tornara-se, nos Estados Unidos, seu país de adoção, o inspirador de todo um movimento original de formação do ator.

As relações entre as duas mulheres eram às vezes tensas, mas as duas estavam unidas por essa paixão comum. Após dois anos de negociações, as coisas começavam a avançar. Maria Knöbel acaba de fazer chegar ao editor o prefácio dessa obra que ela considerava, a justo título, como trabalho seu. Ela havia pesado aí cuidadosamente todas as palavras, de maneira a satisfazer os "editores" da obra, sem nem por isso trair a memória de seu amigo. Apesar de tudo, no entanto, as coisas se arrastavam. Já fazia seis meses que o manuscrito fora relido, revisto e corrigido.

Ela recebe um telefonema de Natália Krimova, que, como de costume, começa por destilar uma diatribe veemente contra esses redatores obtusos, essas larvas que não têm existência senão por seu poder de incomodar! Eles se esforçam em retardar a saída de uma obra que os perturba. Arrastam os pés, malgrado o *nihil obstat* do comitê de censura. Finalmente a notícia chegou: o trabalho podia ser publicado com a ressalva de alguns cortes, aos quais os dois responsáveis pela publicação eram forçados a se resignar.

A Maria Knöbel foi dada a grande alegria de ter em mãos a maquete da obra que lhe entregaram em seu leito de hospital. Ela se apresentava sob a forma de dois elegantes volumes de capa azul, portando o título *A Herança Literária de Mikhail Tchékhov*. Escolhendo a menção à herança "literária", a casa de edição se protegia da casta dos críticos de teatro, cuja intrusão teria conduzido a novos atrasos. Como o vento virava, aqueles que haviam soberbamente ignorado a contribuição de Mikhail Tchékhov tentavam agora apropriar-se de sua memória.

Somente no outono deste ano de 1985 é que foi publicada e difundida *A Herança Literária de Mikhail Tchékhov*, em dois volumes. Com seu longo prefácio, que foi tachado de conter erros idealistas, Maria Knöbel deixava ao mundo o testemunho de sua fidelidade e de suas convicções profundas.

Cabe reter dela aquilo que diz Adolf Schapiro, um dos encenadores mais dotados do Teatro Central Para a Juventude:

"Ela era pequena, engraçada, mal adaptada à vida cotidiana; era indefesa, mas tinha um charme comunicativo que fazia esquecer a ausência daquilo que comumente chamamos de beleza. Havia nela o gosto da aventura. Era excessivamente inteligente, maliciosa e jocosa. Olhares rápidos e penetrantes, um sorriso confiante e reações instantâneas." Ele concluía afirmando que esse ser frágil foi capaz de produzir uma verdadeira revolução na consciência de toda uma geração de encenadores.

PARTE DOIS:

LIÇÕES DE TEATRO

Maria Knöbel foi a testemunha privilegiada da atividade desses três grandes mestres do teatro ocidental que são Mikhail Tchékhov, Constatin Stanislávski e Vladimir Nemiróvitch-Dântchenko. Ela se formou com esses contatos. Em seu livro de memórias, descreve com vivacidade, acuidade e, não sem uma ponta de humor, seus encontros com esses homens excepcionais.

É fato conhecido a contribuição fundamental de um Stanislávski à renovação da arte teatral no começo século xx. A caminhada que ele descreve em *Minha Vida na Arte* é uma lição de humildade e coragem. Ele coloca sua experiência à disposição da gente do teatro nesses tratados que são *A Formação do Ator*, *A Construção da Personagem* ou *A Linha das Ações Físicas*. Mas o relato de Maria Knöbel fornece um retrato saboroso desse mestre, bem afastado da estátua de comendador que se quis fazer desse artista autêntico.

No que tange a Vladimir Nemiróvitch-Dântchenko, pode-se lamentar, nas pegadas de Maria Knöbel, que ele não tenha tomado da pena para expor sua abordagem do trabalho de encenação. Dotado de grande senso pedagógico, sabia falar aos comediantes, na medida em que era capaz de se colocar no seu lugar. Prático mais do que teórico, ele não se entrega em seu livro de lembranças *IzProchlogo* (Páginas do Passado), em que há falta de fôlego. Ele se exprime com muito mais clareza e convicção numa copiosa correspondência que mereceria ser traduzida. A homenagem que lhe presta Maria Knöbel na obra que ela lhe consagrou, *Shkola Rejissuri Nemiróvitch-Dântchenko*, (Nemiróvitch-Dântchenko e Sua Escola de Encenação), permite repor no lugar que merece aquele cuja imagem foi eclipsada por sua associação à direção do Teatro Artístico. Se é verdade que Stanislávski esteve na origem de espetáculos memoráveis, não é menos certo que a maioria das peças desse teatro foi posta em cena por Nemiróvitch.

Quanto a Mikhail Tchékhov, ele foi aquele que revelou a Maria Knöbel a magia do jogo de atuação. Duas de suas obras teóricas, *Ser Ator* e *A Imaginação Criadora do Ator*, existem em francês, mas não se pode senão lastimar que restem aqui tão poucos traços desse mestre, apesar de uma estada de mais de um ano em Paris (de outubro de 1930 a fevereiro de 1932). Em compensação, uma escola de formação de atores se filia ainda hoje a seus ensinamentos nos Estados Unidos, nesse país que o acolheu no fim de sua carreira de ator, encenador e formador. Maria Knöbel nos proporciona um retrato muito vívido e muito atraente de um homem que contribuiu tanto para a arte da cena.

De nossa parte, seguiremos a própria Maria Knöbel na demonstração concreta da "análise dinâmica" que ela aplica com os alunos em aula na encenação de uma das "pequenas tragédias" de Púschkin. Enfim, acompanharemos Maria a Dublin, onde ela fará sua experiência reverter-se em proveito da trupe do Abbey Theater, mobilizada para montar, sob sua direção, *O Jardim das Cerejeiras*, de Anton Tchékhov.

Mikhail Tchékhov

Improvisação e Pantomima

Maria Knöbel sempre se mostrou infinitamente reconhecida ao grande artista que era Mikhail Tchékhov por haver descoberto nela os germes de uma vocação teatral e por ter estado na origem de seu florescimento. Ele compreendeu de pronto a força de sua imaginação, de sua capacidade de metamorfose, de seu dom de projeção dirigida aos outros, aos seus pares e ao público. Sem sua ajuda, seu apoio e sua amizade, poderia ela ter-se tornado uma autêntica comediante? Teria ela tido a audácia de se lançar na encenação antes de se consagrar inteiramente à tarefa exaltante que era para ela a formação de comediantes e de encenadores?

O encontro com Mikhail Tchékhov foi de uma intensidade fulgurante. Como vimos, ela fora clandestinamente assistir a seu curso de arte dramática. Tchékhov está ligeiramente adoentando e quer mandar seus alunos de volta para casa. Diante da decepção que expressam, ele cede a suas instâncias e propõe substituir a aula por uma improvisação de grupo.

Eis o relato dessa noite memorável que Maria Knöbel nos proporciona. Para além da anedota, é uma demonstração da abordagem de Tchékhov com respeito à arte do comediante:

> Tchékhov bate palmas, o silêncio se faz. Ele toma a palavra:
> – Imaginem – diz em voz firme – que estamos em um hospital psiquiátrico. Vocês são os pacientes, eu sou o médico. Cada

LIÇÕES DE TEATRO

um de vocês é presa de uma ideia fixa, uma neurose obsessiva. Vou indicar a cada um a sua doença. Eu virei examiná-los, um por um, para determinar a terapia apropriada.

Ele abre então rapidamente caminho entre seus alunos que se reagruparam no meio do salão. Ele vai de um a outro e indica a patologia de que sofrem. Maria está morta de medo. Agora ela não pode mais se esconder. Impossível eclipsar-se. Se ele lhe perguntar quem ela é, o que faz ali, ela irá se desfazer em lágrimas, é certo! Como evitar pôr Lídia em situação embaraçosa? Maria está em pé, no meio dos alunos. O mestre chega à sua fila e, o olhar ausente, fixa-lhe a tarefa: "Sua psicose consiste em crer que é de vidro." Ela está angustiada pela ideia de que corre o risco de quebrar-se ao menor choque. Ele passa a outro aluno. Ela está persuadida de que será incapaz de sair-se bem. Ao seu redor, cada um parece entrar sem dificuldade em seu papel; aqui gestos bruscos, ali uma fisionomia transtornada ou movimentos de marionetes. Maria está a ponto de abandonar tudo, quando, de repente, para sua grande surpresa, a coisa está aí, ela é de vidro. Ela é invadida de um medo pânico. Esquecida do temor de ser expulsa do curso, agora ela é sua personagem, só tem uma ideia na cabeça: evitar todo choque malfadado. Ela se põe a andar lentamente, com todo cuidado, esgueirando-se entre os alunos. Que baforada de alegria! Um sentimento de liberdade total, domínio do corpo, embriaguez do espaço, total confiança em si própria. Para não correr o risco de uma colisão fatal, senta-se no largo rebordo da janela. Tchékhov se aproxima e, com um gesto, lhe faz sinal para descer, mas ela responde que tem medo de ser empurrada, aqui ao menos ela se sente em segurança. O mestre lhe faz compreender que compreende bem, mas a toma pela mão e eles atravessam, com muita precaução, a sala em toda a sua extensão até um divã onde ele a faz sentar-se. Ela sente sua mão que a segura sem pesar, como se ela fosse efetivamente um objeto muito frágil. Ele vela para que ninguém venha chocar-se com ela por inadvertência. Tchékhov faz observações de passagem, interrogando um, tranquilizando outro, sem esquecer por um segundo a presença da recém-chegada. Ele é o médico ao qual cada um se dirige com toda confiança.

De súbito, ele bate palmas. É o fim do exercício. Ele vai completar a aula. Distribui cumprimentos àqueles que estavam "na jogada" e críticas àqueles aos quais faltou concentração. O que vai acontecer agora, pergunta-se ela, em pânico.

– Onde está aquela que era de vidro?

Maria se desfaz em soluços. Vai ser expulsa do paraíso, apenas entrevisto. Ela se explica mais ou menos, sabe muito bem que não é dotada para o teatro, não é bonita, é muito baixinha e seu pai é contra. Ela queria simplesmente assistir, por curiosidade, a esse curso de teatro.

E então, ela não crê em seus ouvidos: Tchékhov lhe pede para permanecer após a aula. Ele irá testá-la. Ei-la ao mesmo tempo tranquilizada e inquieta. Como ele irá julgá-la? Ela não tem nenhuma noção de teatro, nenhum texto para declamar!

Ela compreenderá logo que o que conta não é uma preparação livresca, mas a força da imaginação e a rapidez das reações.

Ele faz sinal a um de seus alunos e lhe pede para permanecer a fim de lhe dar a réplica.

Eis Maria confrontada a um exercício de improvisação.

– Vocês são marido e mulher. Seu marido – diz ele, voltando--se para Maria – acaba de lhe anunciar que vai deixá-la. Pois bem, agora vão em frente, atirem-se na água, vocês têm inteira liberdade de palavras e gestos!

Uma carga de solidão e angústia desaba sobre ela. Ela é incapaz de pronunciar uma só palavra. Seu parceiro também está tão perturbado quanto ela. O jogo todo está nas atitudes, na mímica. Ela permanece imóvel, petrificada, enquanto seu "marido" faz cara de estar fazendo a mala. Tchékhov parece satisfeito. O exercício terminou. Ele lhes pergunta, ou melhor, pergunta a Maria:

– Você já viveu uma situação desse tipo?

– Não – responde ela sinceramente. Não sou casada e não pude, portanto, conhecer esse gênero de situação. Eu me lembrei da dor que senti numa ocasião dramática para mim. Foi o dia em que meu pai me fez compreender que eu não era feita para o teatro e em que meu sonho se partiu.

– Pois bem, meus filhos, lembrem-se durante toda a vida o que acaba de se passar em vocês. A emoção tem sua fonte na imaginação de vocês, quer dizer, em vocês mesmos. A arte é qualquer coisa de espantosamente complexa. Vocês jamais viveram essa situação, mas a substituíram por uma situação comparável. A imaginação procedeu como as abelhas, vocês fizeram vosso mel com tudo aquilo que sentiram, entenderam, leram, viram no curso de sua existência. Quando vocês começarem a aprender o ofício, verão, e isso será o grande vazio, tudo desaparecer, a espontaneidade, a ingenuidade, a confiança. Mas não tenham medo, esse estado será apenas provisório. Em seguida, tudo retornará, transformado, metamorfoseado. E vocês experimentarão uma grande alegria, vocês serão cumulados de felicidade.

O Estúdio Tchékhov

Os três anos que ela passou no Estúdio Tchékhov foram anos maravilhosos. Escutando e observando seu mestre, os alunos tinham o sentimento de penetrar no mistério do jogo teatral. Sentiam-se fascinados, enfeitiçados por esse homem que parecia ser o teatro encarnado.

No entanto, é difícil falar de um ensino bem organizado. Tchékhov era comediante e não pedagogo. Em seu início, ele não tinha uma consciência muito nítida do que ia fazer. Sua convicção tomava nele o lugar do método. Com o tempo, seu curso assumiu a velocidade de cruzeiro, tornou-se mais estruturado. Mas o essencial estava ali: O comediante devia ter a vontade de ser um criador, devia ter a capacidade de sê-lo. Ser comediante é ser capaz de criar uma realidade imaginária tão possante que o espectador a julgue dura como ferro. Um laço invisível se tece entre a imaginação do comediante e a do espectador. Se eu, o comediante, vejo claramente, nitidamente, de maneira certa, um objeto imaginário, o espectador verá surgir esse mesmo objeto em sua imaginação. Todo o teatro está resumido nesse processo de comunicação e de identificação.

Como compreender essa faculdade de imaginação? Ela nasce da improvisação. Contrariamente a uma ideia recebida, não se trata de se deixar levar a uma inspiração desenfreada. A improvisação se cultiva. Ela se realiza no quadro de um esquema rigoroso que baliza seus elementos. Na Rússia dá-se o nome de "estudos" a esses exercícios de improvisação. Trata-se de mobilizar a personalidade, o ser, o "coração" do comediante. É um exercício corporal que consiste em mimar uma situação imaginária com base em um esquema prévio. Vê-se a diferença com o método de Stanislávski, que se fundamenta no reviver, na memória afetiva e na introspecção.

Muito influenciado pela filosofia de Rudolph Steiner, Tchékhov buscava a harmonia dos gestos sob o domínio de uma música interior. Corpo e espírito deviam estar a serviço de um só objetivo, a personagem de teatro, este ser real e imaginário ao mesmo tempo, para o qual o comediante devia tender com todas as suas forças.

Como se traduzia tudo isso na prática? Tchékhov entrava com um ar displicente na sala de aula. Propunha, sem qualquer transição, o tema do dia. Formulado de maneira simples, concisa, lacônica, esse tema devia servir de desencadeador do trabalho de improvisação dos alunos. Antes de começar, era preciso elaborar o esquema do "estudo".

Um dos temas propostos por Tchékhov é o da "Serpente". Seu enunciado é muito simples: "Um homem colhe frutas de uma árvore. De repente, descobre a presença de uma serpente venenosa." Maria se lembrará disso durante toda a sua vida.

Chegado o dia, cada um se atarefa para apresentar seu trabalho perante o conjunto da classe. Um sobe num tamborete tirado da cozinha e faz cara de colher frutos acima da porta. Repentinamente, ele grita assustado: "Uma serpente!" Dando no pé, refugia-se no quarto vizinho, para de lá sair ao cabo de um momento com o ar embaraçado. Outro cai por terra, mostrando que foi mordido. O terceiro se eclipsa discretamente para evitar a serpente.

– Como podem vocês ser prisioneiros de todos esses clichês? – exclama então o mestre encolerizado. – Como, aos vinte anos, pode alguém estar a tal ponto desprovido de imaginação! Stanislávski não está errado ao dizer que a gente suga as ideias recebidas, os chavões, com o leite da mãe! Que pobreza de concepção! Basta que um de vocês comece com uma ideia batida para que os outros lhe sigam o passo! – Eles se afastam na ponta dos pés, pedindo licença à serpente, com toda a cortesia, para ir embora!

É então que se assiste a uma demonstração alucinante por parte do professor. Será preciso aí uma concentração intensa a serviço de uma imaginação solicitada a cada instante. Com uma bengala na mão, Tchékhov penetra assobiando no espaço cênico. Visivelmente está à espera de alguém, ele espera, ele espera um bom tempo. Arruma sua gravata imaginária e se penteia com um pente imaginário. Está com o sorriso beato dos homens que esperam uma boa sorte. Faz molinetes com sua bengala, girando-a com rupturas constantes de ritmo. Seu cordão do sapato se desata, ele não resiste a esse movimento,

LIÇÕES DE TEATRO

se abaixa para amarrar de novo, mas em vão tenta curvar-se, não consegue, seu sapato continua fora do alcance. Recorre então a um clássico do circo: deita-se de costas, com a bengala sob a cabeça à guisa de travesseiro, dobra a perna, avança seu pé e ata o cordão no ar.

E pensar que se poderia surpreendê-lo nessa postura pouco conveniente! Mas não, ninguém aparece. Ele olha seu relógio. Com o ar contrariado, senta-se no chão, ou, mais exatamente, sobre a bengala. De repente, um galho de árvore chama sua atenção. Um fruto no galho. Com um movimento brusco, ele arranca o fruto, leva-o à boca e o devora com avidez. Suas mandíbulas efetuam, conscientemente, movimentos de mastigação, ele cospe as sementes, puxa para junto de si um outro ramo. Vivacidade e precisão de gestos, economia de meios, corpo imóvel e concentrado. Mas ele lança, ao mesmo tempo, olhares à esquerda, à direita, despeitado por não ver aparecer a pessoa que ele espera. Ele se volta para o arvoredo e se apresta a puxar para junto de si outro galho, quando, de súbito, a coisa está aí, a serpente está ali. O artista congela, nem um gesto mais. Olhos seguem o réptil no seu rastejar. Ele se inclina e tenta agarrá-la, mas o animal se esquiva e se afasta. Reviravolta da situação. A serpente volta para trás e investe em sua direção. O homem lhe atira o fruto que acabou de colher. A serpente se eriça, mas o homem a provoca agitando diante dela seu chapéu imaginário e brandindo sua bengala real, ao mesmo tempo que cantarola uma canção saltitante.

Ele se estica de repente e profere com uma voz sibilante, "isso não, você não me terá!", sua voz se trava na garganta. Ele repele a serpente com o pé, cobre bruscamente o réptil com seu chapéu, agita então o chapéu, depois o deposita no chão e senta em cima. "Vitória!" Ele acerta sua gravata borboleta, penteia-se cuidadosamente e lança de novo um olhar em derredor; não veio ninguém. Assume então uma pose desprendida, percorre os espectadores com o olhar, tendo no rosto um ar de satisfação beata que suscita uma tempestade de risos. O "estudo" consistiu numa sucessão de impulsos puramente teatrais, terminando numa conclusão divertida. Esse festival de criatividade é um modelo para os alunos que devem nele se inspirar. – Há, em primeiro lugar, a forma – explica ele. – É o fato de colher frutos e perceber de súbito uma serpente. Mas como lhe dar conteúdo? Para determiná-lo, é preciso saber para onde se vai, ter uma visão de conjunto antes de começar. A coerência de vosso trabalho resulta da concepção que fazem da personagem. Seu comportamento é ditado por seu caráter. Para entrar em minha personagem, interiorizei sua essência, sua natureza profunda, aquilo que chamo de seu "coração". O "coração" é a manifestação da unidade do homem, de sua personalidade única. Fica a cargo do comediante descobrir o "coração" da personagem e torná-lo seu. Quer se trate de uma peça em cinco atos ou de um simples "estudo", vocês devem se considerar como o autor da obra, o criador da personagem. O dramaturgo são vocês!

Posta à Prova

No último ano, os exercícios adquiriram uma complexidade que os tornaram quase incompreensíveis. Maria Knöbel foi, um dia em particular, posta à prova. Em vez do tema único, bem definido e de simples execução ao qual estava habituada, viu-se bombardeada por injunções desconcertantes e contraditórias. Resultou daí uma desestabilização em todos os sentidos.

Ficamos face a face. Ele está de pé diante de mim e lança rapidamente ordens que devo executar no mesmo instante:

— Há ali uma caixa de elevador. Você abre a porta e entra.

— Eu entro nessa caixa do elevador imaginário.

— Você fecha a porta da cabine.

— Eu fecho a porta.

— Você tem um encontro com Stanislávski, que vai lhe confiar um papel importante. Seu escritório é no quinto andar. Você pensa no que vai lhe dizer. Está com medo. Segura na mão um ramo de flores que você está trazendo para lhe oferecer. Atenção, uma rosa caiu, levante-a, tome cuidado para não se picar. Pense bem naquilo que você vai dizer a Stanislávski. Agora aperte o botão. O botão do quinto andar.

Eu me preparo para apertar o botão, quando o ouço gritar, com uma voz trêmula de angústia:

— Atenção, atenção! Onde estão os botões? Você os vê? Eu não. Talvez estejam na outra parede? Mas você tem certeza de que está de fato numa cabine de elevador?

É de se perder a cabeça. Eu sinto a angústia subir dentro de mim. Minha garganta está fechada.

– Ah! Meu Deus! – grita ele, horrorizado. – A cabine está lá em cima, olhe, ela está em vias de descer! Ande, saia depressa de lá, você vai ser esmagada!

Mal esbocei um gesto para sair dessa armadilha quando Tchékhov se precipita:

– Nada de pânico, eu vou abrir para você. Vamos lá! Mas o que se passa? A porta não abre! Ao fechá-la, você não viu que não havia uma maçaneta aí dentro. E vocês, o que fazem parados aí sem se mexer? – diz ele, dirigindo-se nervosamente aos meus colegas. – É preciso ajudá-la, corram depressa lá pra cima, detenham o elevador! Será que há alguém na cabine? Ele pode detê-la. Quanto a você, Maria, depressa, ponha-se de barriga para baixo!

Eu estou de tal modo amedrontada com a ideia de ser esmagada pelo elevador que perdi os sentidos. Quando retornei a mim, em vez de me acalmar, ele ralha comigo com uma voz enfurecida:

– O que é que isso quer dizer? Você sabe o que é isso? É histeria, exibicionismo. Seus sentimentos, suas emoções prevaleceram sobre a forma artística. Você se apagou sob o efeito da tensão muscular, do estresse. – E, dirigindo-se à classe inteira, ele prossegue: – Vocês poderão me dar para fazer uma improvisação sobre o mais improvável dos temas, eu não experimentarei nenhum outro sentimento senão o da alegria artística, creiam realmente.

Maria Knöbel só compreendeu bem mais tarde o significado desse exercício extremo. Ele exigia uma reação instantânea e um domínio total dos meios. É a situação na qual se encontra o comediante no palco. A imaginação é solicitada pelos impulsos que se sucedem em um ritmo rápido. O público não perdoa nenhuma flutuação, nenhuma hesitação.

Tchékhov repetia que um comediante não deve passar um único dia de sua vida sem fazer sua imaginação trabalhar. Quem não o viu atuar não pode ter uma ideia da riqueza de seu registro. Com seu domínio espantoso da voz, dos gestos, da mímica, ele era capaz de jogar com suas personagens, de manipulá-las como marionetes, insuflando-lhes uma vida transbordante.

Constantin Stanislávski

Como Gerir o Inconsciente? (Uma Cena de "Hamlet")

A "linha das ações físicas" era um trampolim destinado a estimular a imaginação do ator. Ela não abolia, nem por isso, a indispensável pesquisa psicológica. Desde o trabalho realizado no começo do século xx, de comum acordo com o visionário Gordon Craig, a personagem Hamlet perseguia Stanislávski. Ele iria reencontrá-la no quadro do Estúdio Lírico e Dramático. Retomando a ideia de Sarah Bernhard, é a uma comediante que ele confia o papel do jovem príncipe. Ele experimentava uma particular fruição estética ao ver a jovem Rozanova, que não contava mais de vinte anos, às voltas com esse papel difícil.

Maria Knöbel nos apresenta Stanislávski entregue inteiramente ao trabalho no ensaio da cena capital em que o príncipe cumula sua mãe de amargas censuras. Seus olhos acabam de se abrir. Com a cena dita da "feiticeira", lhe surge claramente que o homem que sua mãe desposou com uma pressa suspeita não é outro senão o assassino do rei, seu pai.

Fiel a seus hábitos, Stanislávski solicitara aos estagiários que imergissem no mundo de Shakespeare. Peças, sonetos, tudo aí entrava. Logo depois de ter relido a cena ao redor da mesa, Stanislávski pede a Rozanova para subir ao palco. Vestida de um colete de veludo e de um *collant* preto, trazendo em forma de colar uma corrente com um medalhão, ela ouve pacientemente as indicações do mestre. Ele chega à questão essencial: qual é o estado de espírito de Hamlet no momento em que ele entra no aposento de sua mãe? Terá ele já previsto o que irá lhe dizer, ou é movido por um súbito impulso?

Pode-se supor que, vendo sua mãe sozinha em seu quarto de dormir, ele tenha uma revelação: essa mãe que ele ama, ou que amava, é um ser fraco, lastimável, lúbrico, mentiroso. Se Rozanova está de acordo com essa interpretação, ela deve fazer sentir a perturbação que Hamlet experimenta no momento em que efetua essa descoberta penosa. A comediante se coloca na situação. Ela faz sua entrada na alcova da rainha. – Está bem! – diz ele. – Mas o que está atuando em você são os olhos, as orelhas, o intelecto. Isso carece de imaginação. Por que é que você não se serve de sua imaginação? Qual é a situação? Você soube da morte do rei, seu pai. O que você esperava de parte de sua mãe? O que você pensava que ela ia fazer? Você não se perguntou isso. Daí por que você não está realmente surpresa. Na vida você teria pensado em sua mãe, você a teria imaginado desolada, torcendo-se de dor, o rosto banhado em lágrimas, em trajes de luto. E em vez disso, o que você está vendo? Uma fisionomia calma, plácida e mesmo certa alegria. Da alegria, o que digo eu? Ei-la já casada de novo e com um crápula. Qual é a mola que deve se soltar em você para que você tome consciência da metamorfose de sua mãe?

– Penso que essa mola é o ciúme.

– O ciúme? Bom, então pegue uma cadeira, sente-se e ponha-se em situação de experimentar o ciúme – diz a ela, com ar divertido. Rozanova senta-se e concentra-se.

– Não chego lá.

– Vou lhe explicar o que se passa em você. Compreenda-me bem. Eu quero desembaraçá-la de um sentimentalismo de pacotilha. O que eu quero é que você mergulhe em sua natureza profunda. Pergunte-se, partindo de sua própria experiência, o que você teria feito em tal situação. Pense em sua mãe, parta de sua memória afetiva.

Stanislávski a induz então a evocar a lembrança das relações de sua personagem com sua mãe. Era uma mãe cheia de ternura, ela amava seu filho, ela amava seu marido. Rozanova se abebera em sua imaginação, fala de seu pai (o rei), fala de sua mãe (Gertrude), fala deles como seres queridos e familiares. Stanislávski a escuta atentamente. De súbito. ela se cala. Mergulha seu olhar nos olhos da intérprete da rainha. Esta desvia bruscamente os olhos. Ela não pôde suportar a intensidade do olhar que sua parceira lhe lançou. É o momento de verdade.

– Explique-me o que acabou de se passar – diz então Stanislávski a Rozanova.

– Eu fiquei perturbada por seu olhar, um olhar inexpressivo, indiferente, sem relação com aquilo que eu conhecia, que ela possuía em vida de meu pai.

– E o que você pode dizer do olhar fulminante que lançou à sua parceira? Ela teve uma excelente reação, ela virou a cabeça. Explique o que você, e só você, sentiu.

– Uma visão fulgurante que logo desapareceu – diz ela agastada.

– Notem bem isso – diz ele, voltando-se para a assistência. – Por um instante se produziu uma ação autêntica, uma visão durante a qual a vossa camarada esteve no mais fundo da situação concebida por Shakespeare. Mas isso não é senão uma visão efêmera. O que queremos é que essa visão tome consistência, que ela possa se reproduzir e durar no tempo. Não há senão um meio para isso, e esse meio consiste em se representar toda a vida de Hamlet, desde sua infância até a morte de seu pai. Há uma sucessão de tempos fortes, de episódios, que é preciso ligar uns aos outros, que é preciso reunir num buquê. Para criar nossa personagem, é necessário cavucar em nossa vida, impregnar a vida de nossa personagem da substância de nossa vida. É nessa condição que as visões deixarão de ser fugazes e se farão duráveis. Qual é a primeira condição de uma *démarche*, de um procedimento artístico? Um papel é confiado a você e a partir desse momento não é ele, Hamlet, que existe, é você e unicamente você. Cumpre abeberar-se em sua memória emocional, é a única coisa que existe no mundo.

Embora tomada pela fecundidade do procedimento de Stanislávski, Maria Knöbel não pôde impedir-se de lhe opor uma outra abordagem, a de Mikhail Tchékhov. Para este, a personagem tem uma vida autônoma cuja realidade está contida no texto. Ela se encontra como que à distância em relação ao comediante, que deve segurá-la com toda força e unir-se a ela em um ato de apropriação. A questão não é a de entrar na personagem abeberando-se em seu sentido íntimo, seu passado, seu inconsciente. A personagem está fora e não dentro. Tais são as questões fundamentais que se colocam a todo comediante, e Maria Knöbel entrevê, na "linha das ações físicas", como que um passo à frente efetuado por Stanislávski na direção de Mikhail Tchékhov.

O Guia

Maria Knöbel encontrou Stanislávski pela primeira vez no Estúdio Tchékhov. O novo professor de arte dramática quer ter a opinião de seu mestre e convida-o a assistir a um de seus cursos. Mas Stanislávski vê mais longe. Ele quer compreender o trabalho dos seus diversos estúdios. Em um vasto galpão, encontram-se os alunos do Estúdio Vakhtângov, do Estúdio Armênio, do Estúdio Habima e, evidentemente, do Estúdio Tchékhov.

Acolhido à sua chegada por uma multidão de jovens entusiastas, Stanislávski aperta as mãos que se estendem em sua direção, perguntando ao mesmo tempo a cada um: – Vakhtângov? Tchékhov? Habima? – Comprimido pela multidão, permanece bloqueado à entrada da sala. Dominando o alarido com sua voz sonora, ele exclama então: – Imaginem que vocês organizaram um baile em minha honra. Eu abro o baile e os convido a me acompanhar. Todo

LIÇÕES DE TEATRO

mundo atrás de mim. Há alguém que toca piano entre vocês? – Um moço
se precipita. A uma indicação do mestre, ele enceta uma valsa e, logo a seguir,
uns cinquenta pares giram no meio da sala.

Ao fim de um momento, o Mestre senta-se e, interrompendo o pianista
com um estalo de dedos, declara: – Que cada dançarino acompanhe sua dama
a seu lugar. – Agora recomeçam, mas se reagrupam por estúdio, continuando
a dançar. Após a valsa, uma polca e, sob o efeito dessa música arrebatadora,
fascinados pela pessoa de Stanislávski, os alunos são presos de um sentimento de alegria e de exaltação. – Agora vão dançar no lugar, sem se mexer
da cadeira. Eu começo, e vocês, vocês fazem como eu. Uma mazurca, por
favor! – Assiste-se então a um milagre: Stanislávski e a mazurca se fazem uma
só coisa! Tudo dança nele, os olhos, os ombros, os pés que batem a cadência
e, às vezes, um movimento de sua grande silhueta e de sua bela cabeça de
cabelos brancos, o conjunto todo pleno de elegância. Os aplausos espocam.
Inesquecível mazurca endiabrada!

O Pai

Alguns anos mais tarde, Maria Knöbel segue os cursos do Segundo Estúdio.
Por um concurso de circunstâncias, ela faz sua estreia (ó, modéstia!) ao lado de
Stanislávski comediante. Vivia-se uma vez mais um inverno sem aquecimento.
A fome nos campos, as más colheitas, requisições confiscatórias. Apelava-se
a todas as boas vontades, especialmente às associações filantrópicas america-
nas, para virem em auxílio desses infelizes. Como nos bons velhos tempos,
organiza-se espetáculos beneficentes para recolher fundos. O Teatro Artístico
traz sua contribuição, oferecendo uma noite de gala.

O ponto alto da noite é a reprise de uma cena da peça de Ibsen, *O Inimigo
do Povo*, na qual Stanislávski havia brilhado, dez anos antes, no papel principal,
o de Doutor Stockman. Abalado pelos ataques dos notáveis que o censuravam
por minar seu poder com escrúpulos desarrazoados, o médico reúne todos
os seus, inclusive seus jovens filhos, para lhes expor a situação. Ainda agora
os papéis das crianças são desempenhados por "travestidos", comediantes de
pequena estatura com voz delicada, corpo flexível e gestos graciosos.

As duas alunas são apresentadas a Stanislávski pelo comediante Lujski, que é encarregado de sua formação. Tremendo de medo, elas sobem ao palco. "As jovens foram escolhidas segundo as regras", diz Lujski. "São boas alunas, sendo tanto uma como outra de pequeno talhe. Você não acha que a pequena Knöbel, que faz o papel de Martin, se parece um pouco com você? E quanto ao seu irmão Elif, Serafima Birman, é o retrato inteiro de Mme Stockman, você não acha?"

Tendo sido sua escolha aprovada, Lujski manda submeter as duas comediantes a um verdadeiro levantamento: reunir o retrato de cada um dos membros da família, descrever seus sentimentos em relação a seus pais e imaginar os seus brinquedos de criança! Ao fim, Stanislávski quer ver o resultado. Ele pede a elas que folheiem um livro imaginário e contemplem suas ilustrações. Sendo a mímica das duas satisfatória, a coisa fica decidida: elas serão os filhos do Doutor Stockman.

O dia tão esperado chega. Stanislávski e Lujski trocam réplicas no palco. Nos bastidores, Maria Knöbel, tremendo de medo, escuta seu pai, um pai inteligente, ousado, honesto, apaixonado pela justiça. A um sinal do encenador, ela entra no palco. Por um instante, Maria é submersa por uma onda de emoções, seu coração bate muito forte, ela se adianta e seu olhar cruza com o de Stanislávski. Tudo aquilo que ela aprendera com tanto esforço voa em estilhaços. – Meus filhos – diz ele, estendendo-lhes os braços. Há em seu olhar tamanha ternura paternal! Maria não sente nada senão um amor infinito por seu pai, o Doutor Stockman. Ela é transportada pela poesia do teatro que emana de todo o seu ser.

Não ao Teatro da "Representação"

Uma vez admitida na trupe do Teatro Artístico, ela obtém um papel interessante, o de Karpukhina, personagem secundária, mas alta em cor, cuja truculência lhe convém perfeitamente. Karpukhina é o próprio tipo do "chato", uma mancha colorida, a única, nesse drama particularmente sombrio que é o *Sonho do Tio*. Esse pequeno pedaço de mulher, uma das damas da cidade, é um concentrado de energia que não reivindica nada, exceto o direito à palavra e à liberdade de crítica.

Maria Knöbel sente um grande prazer em desempenhar esse papel de intrigante ridícula, cujo verniz mundano recobre uma natureza vulcânica.

O riso que ela suscita é um riso sadio, que faz esquecer por um momento as dificuldades da vida cotidiana e os rigores do poder.

Essa obra, que é uma denúncia à hipocrisia e às maquinações de uma sociedade que pisoteia os melhores sentimentos, acompanha o desencantamento experimentado por aqueles que haviam sonhado com liberdade, igualdade e esforços compartilhados. Além disso, o texto de Dostoiévski tem uma qualidade que estabelece um agradável contraste com as obras de propaganda de estilo relaxado.

O jogo pitoresco e caricatural de Maria Knöbel foi muito aplaudido pelo público, que ria a bandeiras despregadas. Entregando-se ao prazer de representar, a comediante violava estouvadamente os princípios sagrados de Stanislávski. Era o lance errado. Ela volta ao seu camarim e começa a se tirar a maquilagem. Sua roupeira vem lhe cochichar que uma personalidade importante pede para vê-la. Perfila-se no quadro da porta a silhueta característica de Meierhold: grande, ligeiramente curvado, os cabelos tornando-se grisalhos e o nariz proeminente. Após as felicitações de costume, e sem se embaraçar em precauções, ele lhe declara de cara que deseja convidá-la a fazer parte de sua trupe; ela é por completo o tipo da comediante que ele está procurando. Imaginem o embaraço de Maria! Constrangida, ela pede tempo para refletir.

A notícia se espalha pelo interior do teatro. Certo, foi Nemiróvitch que montou a peça, mas é Stanislávski que toma as iniciativas. Sem preveni-la, ele lhe tira o papel. O procedimento é odioso. A comediante fica petrificada. O que se pode censurá-la senão o fato de ter sido inteiramente fiel às indicações do autor? Em algumas linhas, Dostoiévski desenha assim a personagem: "Sofia Karpukhina é, sem nenhuma dúvida, a dama mais excêntrica desta cidade de província, seu título de coronela virou-lhe a cabeça."

Convocada por Stanislávski, ela entra com apreensão em seu escritório. A parede está atapetada de inúmeras fotos dedicadas pelos maiores artistas. Ele trona atrás de sua mesa e, apesar de sua polidez legendária, não se ergue para recebê-la. O caso é sério. Ele vai rapidamente ao fundo da questão e lhe explica doutamente que ela se tornou culpada de dois "pecados". Conceber o papel unicamente a partir do exterior, sem mergulhar na interioridade da personagem e, sobretudo, representar para o público, procurando fazê-lo rir, e aí encontrando visivelmente prazer. Todas as regras de seu sistema foram violadas. Ela esqueceu que o público não deve existir. Há, entre a cena e a sala, uma "quarta parede". O comediante deve unicamente dirigir-se a seus parceiros. Maria Knöbel toma-se de coragem para defender sua causa. Essa personagem chamada Karpukhina, transbordando de energia, é um escárnio à sociedade, aos bem-pensantes, às conveniências. Esse intermédio deve despertar o público, provocar nele um grande acesso de riso, relaxar a tensão criada pelas pretensões de Moskaliova, a grande dama que quer governar tudo.

Stanislávski pede apenas para ser convencido. Finamente, a atriz o tranquiliza a respeito de um ponto sobre o qual ele não falou, mas que visivelmente o atormenta. – Não tenha receio algum – declara ela –, não alimento a menor intenção de ceder às sereias de Meierhold.

A um movimento de seus supercílios, ela constata que viu certo. Suas relações tornam-se de novo cordiais. Ela recupera em breve o papel que lhe vai tão bem. Retoma o seu jogo de atuação sem nada modificar nele, fiando-se unicamente em sua inspiração e no seu senso de teatro. O incidente está encerrado. Mas permaneceu gravado na memória de Maria Knöbel. Ela passou a compreender melhor o horror visceral de Stanislávski pelo teatro de "representação", que ele opunha à sua própria concepção de um teatro do "reviver". Isso não devia impedir Maria Knöbel de representar tal como ela os concebia os papéis de composição que lhe confiavam.

A Linha das Ações Físicas

Esse Stanislávski que alguns já enterram é um jovem velho de setenta anos que cria uma espécie de academia do espetáculo, um teatro de ensaio, um novo estúdio, para realizar seu sonho de um teatro libertado das coações exercidas pelo poder político e ideológico, libertado também do peso desta pesada máquina em que se tornara o Teatro Artístico.

Ele tira a lição de sua longa experiência e dá corpo a uma prática que não havia abordado até aí senão tateando. Não se tratava de renunciar ao trabalho interior do comediante, mas de realizá-lo fazendo do corpo como que uma oferenda viva ao espectador. Nada de movimento da alma sem movimento do corpo, e isso não unicamente no plano plástico. O corpo é o portador da vida verdadeira. Ele se dá ao espectador para assegurar sua salvação. Sua verdade deve lavar o espectador de sua mediocridade, de seus comprometimentos.

Para evitar as objeções daqueles que são ofuscados pela relação corpo, Stanislávski se contenta em falar da "linha das ações físicas". É uma tentativa

LIÇÕES DE TEATRO

inédita com o fito de realizar a síntese entre a análise intelectual e os elãs espontâneos do comediante. Mobilizando sua imaginação cênica, o comediante chega a um jogo de representação mais sólido, mais denso, mais ancorado no mais fundo de si próprio.

Perante seu auditório, assistentes e estagiários, Stanislávski expõe, da maneira mais simples e acessível, os mecanismos da criação humana que, partindo do cotidiano o mais modesto, se lançam para o absoluto. Ator e filósofo, ele procurava penetrar os segredos do comediante, transfigurado no ato de criação. Com o seu bom senso pleno de finura, Jouvet resumira essa busca em uma fórmula que Stanislávski retivera: "Tal é o homem, tal é o comediante." Eles haviam conversado longamente sobre o seu ofício por ocasião da breve escala que o Teatro Artístico fizera no Teatro dos Champs-Elysées em 1922, antes de embarcar para os Estados Unidos. Louis Jouvet devia exprimir em consequência toda a admiração que suscitava nele esse conjunto coerente em que todas as personagens se respondiam umas às outras em uma harmonia de caráter musical.

Sentando no rebordo do palco, Stanislávski expõe assim sua nova abordagem: "Eis como eu entro nisso. Seja uma nova peça. Como de hábito, a gente inicia pela leitura de mesa. Já no dia seguinte, entra-se em cena e se começa a representar. É essa a novidade. Evidentemente, vocês se perguntarão o que se pode representar em tais condições. Tomemos o senhor A., que acaba de ver o senhor B. entrar em um salão. Não é bicho de sete cabeças, todo mundo sabe fazer isso. Pois bem! Vamos lá, senhores, entremos. São dois amigos. Todo mundo sabe como se comportam dois velhos amigos. Pois bem! Vamos lá, senhores! Os dois amigos abordam diversos assuntos. Vocês se lembram do essencial de sua conversação? Pois bem! Vamos lá, sem medo. Como, vocês me dirão? Vocês não se lembram do texto exato da peça. Isso não tem importância, digam o que lhes vem à cabeça. Mas, de repente, eis que estão perdidos. Isso não é grave, eu estou aí, ao lado de vocês, e lhes soprarei à medida do necessário as ideias principais que vocês deverão desenvolver. No lance, procede-se a 'fiação' de toda uma cena. É o que denomino a linha das ações físicas. O corpo, eis o que é mais fácil de dominar, de governar do que a alma. A alma, não há nada que seja mais caprichoso. É, portanto, mais fácil desenhar a linha física do papel do que sua linha psicológica. Dito isso, poder-se-ia elaborar a linha física independentemente da linha psicológica? Não, porque a alma e o corpo são inseparáveis. As duas linhas, a linha física e a linha interior do papel, se revelam ao mesmo tempo. Graças a essa técnica, o artista governa seu estado emocional, penetra no subconsciente e o domina mais facilmente. Não se terá assim de cometer violência para com as emoções e chegar-se-á ao natural."

Sente-se uma flutuação na assistência. Os jovens estão entusiasmados, os velhos companheiros de Stanislávski estão mais perplexos. Maria Knöbel não oculta a satisfação que ela sente diante de uma evolução que lhe parece responder à sua expectativa.

Stanislávski retoma a palavra para concluir: "Eis, *grosso modo*, o sentido dessas novas pesquisas. Eu gostaria que nosso estúdio enveredasse por essa via e conduzisse na sua esteira um Teatro Artístico que afunda na rotina."

Essas são as palavras que ele comunica com algumas variantes nas cartas que endereça a seu filho Igor e a Elizabeth Hapwood, sua tradutora americana. Seria essa aparente simplicidade motivada pelo estilo epistolar? Isso não se destinava mais a não assustar a censura. Ele não duvidava que a correspondência que enviava ao exterior era objeto de um cuidado atento dos serviços competentes.

Não é sem um fiapo de malícia que Maria Knöbel evoca uma lembrança que presta testemunho por si só da juventude de espírito daquele a quem se chamava "o Patriarca". Ele pede para vê-la, ela bate à porta de seu escritório e constata que não há ninguém. Ela se prepara para sair quando vê surgir Stanislávski de debaixo de sua mesa. Erguendo-se, com um significativo "psiu!" ele lhe recomenda silêncio. Explica, radiante, que desejava saber o que sente um rato, como ele vê o mundo. Um dos exercícios favoritos de Maria Knöbel era pedir a seus alunos que fossem uma galinha, um coelho, e de se identificar completamente com sua personagem animal.

Vladimir Nemiróvitch-Dântchenko

A "Mise-en-Scène": Uma Visão Global

Nemiróvitch não deixou muitos escritos sobre seu método de trabalho. Encontra-se ainda assim, em sua abundante correspondência, elementos esparsos que, dispostos lado a lado, permitem expor sua visão. Mas é principalmente na prática e no corpo a corpo dos ensaios que se descobre o homem de teatro. Ele se dirigia à inteligência dos comediantes e se esforçava em ser o mais

LIÇÕES DE TEATRO

claro possível em suas explicações. Ele se colocava no lugar do comediante, dava a ver e a entender o que propunha no plano verbal. Era capaz de assumir todos os papéis à medida que a obra avançava.

Era o espelho no qual o ator se contemplava para melhor perceber-se a si mesmo. A diferença entre Nemiróvitch e Stanislávski residia mais no estilo do que no método. Um e outro partilhavam a convicção de que o teatro é uma arte e, portanto, uma criação organizada. Ele não devia ser nem ilustração, nem tribuna. A única lei para o comediante é a de ser fiel a suas intuições, a suas convicções, entranhando-se ao mesmo tempo no pensamento do dramaturgo. O teatro é tragédia, o teatro é comédia. E essa arte não se ensina, senão pelo exemplo. Ela se pratica pela mobilização de um conjunto de homens e mulheres igualmente inspirados, a quem é preciso conduzir a um objetivo comum. Esses artistas, quer se encontrem no palco ou nos bastidores, estão unidos para levar os espectadores a segui-los, a fazê-los sonhar ou rir, ou sofrer na sua cola, no culto da beleza e da busca da felicidade. Quanto ao encenador, ele é ao mesmo tempo arquiteto, idealizador do espetáculo e organizador. Ele é o responsável pela unidade, coerência e equilíbrio do espetáculo.

Ao contrário do que se pode pensar, sobretudo se se considera a sua hostilidade às excentricidades de um Meierhold, Nemiróvitch não era um inimigo da modernidade. Ele afirmava, meio sério, meio malicioso, que a cada quatorze anos nosso olhar se modifica e nossas certezas de antes cedem o lugar a outras certezas não menos efêmeras. Para permanecer vivo, acrescentava ele, é preciso seguir a evolução das mentalidades, adotar seu ritmo, pôr-se no diapasão da mudança. Havia uma espécie de fatalismo nessa visão cíclica da história. Nemiróvitch não era de um temperamento otimista.

Ele estava obsedado pelo mistério da criação artística e não se cansava de repetir que não se podia ser comediante se não se fosse habitado por uma paixão incoercível para a consecução de seu ofício. Mas a realização dessa paixão passava pela disciplina do trabalho, um trabalho obstinado, perseverante, multiforme. A tarefa do comediante é, antes de tudo, trabalhar sobre si próprio, sobre a sua pessoa, seu ser, seus nervos, sua memória, seus hábitos. Nemiróvitch não escondia que esse era um trabalho penoso, humilde, às vezes estéril e desesperador. Mas, uma vez que houvesse penetrado nesses arcanos, o comediante estava engajado por toda a vida; ele não podia mais abandonar esse ofício que se tornava um sacerdócio.

Maria Knöbel mostrou-se fiel à memória desse mestre inconteste consagrando-lhe um opúsculo cujo título fala por si: *Nemiróvitch-Dântchenko e*

Sua Escola de Encenação. Menos sistemático do que Stanislávski, porém mais atento à personalidade dos comediantes, ele inspirou, sem saber, um homem que exerceu grande influência na formação do ator nos Estados Unidos, Lee Strasberg. Contrariamente às ideias recebidas, o célebre Actor's Studio deve tanto a Nemiróvitch quanto a Stanislávski. Os dois anos que Nemiróvitch passou em Hollywood não deixaram de ter consequência. O espírito do pretendido "sistema" lhe era estranho. O essencial consistia em colocar o texto em primeiro plano, aquilo que estava na base da revolução teatral da qual Stanislávski e ele haviam sido a origem. Certo, o jogo de representação impulsiona as molas profundas do comediante, suas lembranças, suas associações de imagens, em suma, tudo aquilo que não pertence senão a ele e que ele deve compartilhar com sua personagem. Sem recorrer ao conceito de inconsciente, palavra impronunciável na época, Nemiróvitch deixava aflorar largamente as pulsões profundas do comediante no preparo da encenação. Mas ele tinha sua música para si. Para encontrar sua personagem sem perder sua espontaneidade, dizia ele, "o comediante deve pôr a nu seu aparelho psíquico, seus nervos devem vibrar ao ritmo do estado psíquico requerido. Quando um organismo que já vibrou sob o efeito de uma situação análoga é posto de novo em movimento pelo pensamento, a memória do comediante traça nele o caminho da verdade".

O essencial era chegar à coesão da trupe: "Se o ator representa seu papel em vez de representar a peça, cai-se no estrelismo. Tal era o estilo do Teatro Mali antes do aparecimento do Teatro Artístico. O espetáculo deve ser um todo, toda marca de individualismo o priva de vida e de coerência."

Ele atribuía uma grande importância à maturação do papel. O ator tem necessidade de tempo para entrar em sua personagem, não se deve ensaiar às pressas. Isso não impede que o comediante ideal seja capaz de pegar no ar as indicações do encenador, de compreendê-lo com meias palavras.

Para levar a bom termo seu programa, ele considerava, como Stanislávski, que era preciso criar uma escola de arte dramática específica, uma escola nutrida pelos sucos do Teatro Artístico. O futuro comediante devia adquirir nela o espírito, os métodos, o estilo, a experiência, a mestria. No outono de 1942, quando a guerra chegava ao auge, Nemiróvitch teve a ventura de inaugurar a Escola-Estúdio, fonte de transmissão do espírito do Teatro Artístico. Ele não pôde, infelizmente, assegurar sua direção. Morreu em 25 de abril de 1943, com a idade de oitenta e cinco anos! Nemiróvitch-Dântchenko teve direito, assim como Stanislávski, a funerais nacionais.

"O Carrilhão do Kremlin"

Em suas memórias, Maria Knöbel descreve, de maneira muito pormenorizada, o trabalho de *mise-en-scène* de uma peça emblemática do teatro soviético, *O Carrilhão do Kremlin*, que ela própria havia de retomar várias vezes no curso de sua carreira. A gente pode se espantar com a importância dada a essa obra que é um hino à glória de Lênin. Não esqueçamos que a Rússia é o país da língua de Esopo. A peça de Pogodin data de 1938, quatorze anos após a morte de seu herói. Ora, contrariamente a Stálin, há uma visão a longo termo. Stálin nada poderia fazer sem o grandioso projeto de eletrificação estabelecido por Lênin em 1920. Dele resultou a construção de mais de uma trintena de centrais elétricas. Sem essa iniciativa, seria impossível proceder à industrialização empreendida nos anos 1930. Na peça, Lênin sempre se mostra pragmático. Recrutando Zabelin, ele sabe que se trata do bem do país. Em um caso semelhante, Stálin, obsedado pela preocupação com sua segurança pessoal, não teria antes ordenado a execução desse representante da "contrarrevolução"? Não é proibido pensar que Pogodin joga uma espécie de jogo duplo e que, como muitos de seus contemporâneos, engrandece Lênin para difamar, no fundo, Stálin. Que desvela em subtexto essa banal peça de propaganda em sua hipertrofia do herói?

O Lênin de Pogodin aparece como uma espécie de Prometeu que traz luz a uma população amorfa, atrasada, inculta. Para esse fazer, ele necessita de engenheiros competentes. Ora, aqueles que permaneceram no país são postos de lado como inimigos do regime. É o caso de Zabelin, a segunda personagem da peça. Despedido de seu emprego, ele não tem outro recurso senão vender caixas de fósforos no mercado das pulgas de Moscou. Toda a habilidade de Lênin consiste em fazer vibrar nele as cordas do patriotismo para levá-lo, finalmente, a colaborar com esse regime que ele detesta e que está pronto a combater. É que, antigo membro da comissão encarregada do desenvolvimento energético do Império Russo, Zabelin é o homem da situação. Convocado ao Kremlin, já esperava o pior e não podia ficar senão estupefato com a proposta que lhe é feita. Ele retornou devido à habilidade desse homem astuto, que maneja a cenoura e o porrete.

Para um Zabelin que, sob a varinha mágica de Pogodin, era plenamente reintegrado em uma sociedade que lhe era hostil, quantos outros permaneciam vítimas de um regime que os estigmatizava, a eles e a seus filhos? Quando Joseph Knöbel fora convocado por Lênin com outros grandes diretores de editoras para reorganizar o mundo da edição, o resultado fora o de desapossá-los em proveito de um organismo de Estado encarregado de controlar o pensamento.

Pogodin queria, entretanto, mostrar que, ao lado de seu sucessor, Lênin fazia figura de um verdadeiro homem de Estado: faro político, autoridade natural e senso das realidades. Preocupado com o bem-estar de seu povo, ele sabia estabelecer compromissos quando era necessário, como testemunhava a Nova Política Econômica que instaurara pouco antes de sua morte.

Com essa medida, pode-se compreender o que impeliu Nemiróvitch a se envolver em uma peça cuja intriga não é senão um revestimento retórico a serviço de uma ideologia. Na pessoa de Zabelin, o autor reabilitava a classe média que não tinha outra escolha a não ser a de se dobrar às exigências do novo regime.

A história cênica do *Carrilhão do Kremlin* se ressentirá dos sobressaltos da grande história. O início dos ensaios se processa sobre um fundo de reviravoltas das alianças no verão de 1939. A peça só é finalmente apresentada ao público moscovita em 1942, em plenos combates contra o invasor.

Nemiróvitch confia a Leonid Leonidov, um dos veteranos do teatro, os trabalhos preparatórios, tendo Maria Knöbel como assistente de encenação. Isso foi para ela uma experiência inesquecível. Desde o começo dos ensaios, Leonidov apresenta sinais de confusão. Impossível montar uma obra que lhe parecia completamente artificial. Ele rege as cenas secundárias como o idílio que se estabelece entre uma burguesa, a filha de Zabelin, e Ribakov, o marujo bolchevique pertencente à TCHEKA. Leonidov acaba por confessar a Nemiróvitch sua confusão. Diante de sua renúncia, Nemiróvitch toma em suas mãos o trabalho de ensaio.

Diante de uma trupe desamparada, o encenador retoma a explicação do *Carrilhão* e sublinha aí as apostas dramáticas. Tudo repousa sobre o contraste que os dois protagonistas apresentam. Lênin, figura emblemática da revolução triunfante, e Zabelin, vítima dessa mesma revolução. O conflito encontra sua resolução pelo alto: a Rússia necessita de todos os seus filhos. O novo regime é o continuador do antigo.

Nemiróvitch obtivera do alto escalão a licença para representar Lênin no palco do Teatro Artístico. Uma pesada reponsabilidade caia, pois, sobre o ator Gribov a quem fora confiado esse papel delicado. Nemiróvitch efetua com ele um trabalho aprofundado, que visa a obter uma figura irrepreensível. Ele deve impregnar-se totalmente da personagem: filmes de atualidades, gravações de seus discursos e testemunho de parentes. É preciso recuperar as atitudes típicas, a dicção, o modo de falar e o gestual. O resto é confiado à

LIÇÕES DE TEATRO

maquilagem. A semelhança será tão perfeita que Gribov se tornará o intérprete titular do papel de Lênin no teatro e no cinema.

Mas Nemiróvitch não se detém no aspecto físico. O cuidado com a autenticidade deve recorrer aos recursos interiores do comediante. Gribov precisa se armar interiormente para convencer o público da verdade da personagem. Qual é a característica essencial da personagem? É um condutor de homens. Ele deve ser tratado ao modo heroico. – Evite a tentação do sentimentalismo. Deixe-se levar, descontraia-se. Solte os freios interiores, não tenha medo de exagerar. Mergulhe no fundo de si mesmo para que, vendo aparecer Lênin, o público lance um grito de surpresa e de admiração. Vocês se perguntaram o que é a característica fundamental de sua personagem? É sua capacidade de concentração. Toda a sua ação é dirigida para um único fim, seu projeto político. Ele tem diante de si um adversário que ele combate e que ele deve vencer moralmente. Zabelin é uma personagem de caráter abrupto, hostil a um regime que destruiu tudo ao que ele estava ligado. E é esse homem que deve sair do gabinete de Lênin inteiramente tranquilizado, regenerado mesmo. Não só a vida retoma sentido, mas esse homem poderá ser útil a seu país. O objetivo todo da peça é tornar verossímil essa adesão que pressagia a utopia de uma sociedade reunificada.

O carrilhão que dá seu nome à peça participa dessa vontade de assumir inteiramente o passado. No topo da Torre Spasskaia do Kremlin, um mostrador gigantesco constitui o orgulho da Rússia. Durante os combates que ensanguentaram Moscou em outubro de 1917, o mostrador foi danificado. Há três anos que o relógio está parado, seu carrilhão mudo. Como um fio que corre ao longo da peça, Lênin se preocupa com o conserto do relógio e do carrilhão. A peça termina com a consecução dessa empreitada. O carrilhão marca de novo as horas. Com a exceção de que, em vez do hino em honra do tsar, ele desfia as primeiras notas da *Internacional*. Revolução e continuidade, tal é a mensagem de Pogodin que Nemiróvitch torna sua.

Pelo milagre do "reviver", todo comediante era capaz de dar credibilidade às situações mais artificiais e às personagens mais estereotipadas. Esse desvio da função do comediante contribuiu na época para desconsiderar um teatro que se fazia cúmplice da mentira.

Maria Knebel

A Professora

Maria Knöbel foi nomeada para o Conservatório como assistente do professor Alexei Popov. Desde o mês de junho de 1948, ela fez parte da banca de admissão que seleciona os futuros alunos. Em sua obra, escrita uma vintena de anos mais tarde, *Poezia pedagogiki* (A Pedagogia É Poesia), ela faz um balanço de sua atividade como professora, uma atividade que Maria Knöbel desenvolverá até o fim de sua vida. Ela faz o seu leitor participar dos trabalhos de um grupo de alunos durante o decurso todo de sua escolaridade. São futuros comediantes, mas também futuros encenadores de teatro. É a originalidade da escola russa conceder uma atenção especial à formação de encenadores. A cada ano, a vintena de alunos admitida no concurso constitui um grupo de estudos, acompanhado durante quatro anos pelo mesmo professor e seus assistentes. O quinto ano é o do estágio, coroado pelo espetáculo para o diploma que mobiliza o grupo todo. O diploma abre a porta do trabalho teatral (ou cinematográfico). O estágio praticado como assistente de um encenador é uma maneira de pôr o pé no estribo.

Entre professor e alunos se estabelece uma relação muito estreita, que se poderia qualificar mesmo de carnal, da qual Maria Knöbel participa com todo o seu ser:

> Ensinar requer as qualidades de uma mãe. Uma mãe dá a seus filhos o melhor de si mesma. De igual modo, um mestre dá sua alma a seus alunos. Tal é o sentido profundo desse ofício. Dar sua alma é um processo ao mesmo tempo penoso e portador de alegria. Penoso, pois isso implica uma grande tensão no plano moral, assim como no plano físico. Portador de alegria, porque em troca do que se dá, recebe-se um fluxo de energia, a energia da juventude. Essa entrega é recompensada ao cêntuplo por suas angústias, por suas tensões, por suas dificuldades.
>
> A mãe que consagra todas as forças de sua alma a seu filho espera que ele venha a ser tal como ela o imagina. Mas ela não é a única a formar aquele que virá a ser um homem. Ele é submetido a influências múltiplas, na formação de seu caráter é tributário de mil causas, sociais, físicas, psíquicas, e a voz de sua mãe se perde

amiúde no tumulto da vida. Como fazer para que a voz materna, ou paterna, se ancore na memória?

Certo, um encenador não é uma criança. Os futuros encenadores já são adultos, seres maduros, que já exerceram outras atividades. São casados, têm filhos. Mas nesse ofício que escolheram, estão dando seus primeiros passos e, por paradoxal que isso possa parecer, se tornarão de novo crianças.

O mestre faz face a um adulto que, confrontado à Arte, não é senão uma criança. Antes de chegar à idade adulta, essa criança deve percorrer um caminho longo e difícil. Esse caminho, cada qual deverá percorrê-lo por sua conta, um caminho tortuoso, semeado de emboscadas, cheio de rodeiras, extenuante. Cabe ao mestre ter uma visão clara do caminho pelo qual ele conduz seu aluno.

Será que essa tarefa é fácil? Não, por certo. Um bom professor não é necessariamente bem-sucedido de repente. Em nosso ofício, sofrem-se muitos fracassos. Um desses fracassos é quando há um aluno de quem não se gosta. Por que ele vos desagrada? Porque é teimoso, ou preguiçoso, ou mentiroso. E então, em vez de se ocupar de sua educação, a gente se fecha no ressentimento. O processo educativo é travado. É preciso, então, fazer esforços para recuperar o equilíbrio, recuperar a calma e a objetividade, para restabelecer em si a capacidade de compreender o outro. [...]

Guardar a calma, o equilíbrio, eis o que deve procurar antes de tudo o professor. Para chegar a isso, há técnicas que ele deve possuir de maneira absoluta. Quando reflito sobre meu ofício de docente, é a importância dessas técnicas que me impressiona.

Mas como fazer para amar àqueles a quem se deu aula? Quando uma mãe põe seu filho no mundo, este lhe pertence completamente, ele é carne de sua carne. Mas nós, professores, temos filhos que não nos pertencem. E cada cinco anos são novos filhos[11]. Mal se teve tempo de acostumar-se com eles, de compreendê-los, de amá-los como seres queridos, e eis que terminam seus estudos e se dispersam aqui ou ali. Cada um enceta seu caminho na Arte, e isso sem mais depender do mestre. É então, por mais estranho que possa parecer, que eles me são

---

11   Cada professor era responsável por um grupo de estudantes durante os cinco anos do curso, ao término do qual obtinham o diploma de ator ou de encenador. (N. da T.)

particularmente caros. Eles eram alunos e se tornaram discípulos. Não todos, evidentemente, longe disso! Na maior parte, são simplesmente "antigos alunos". Mas aqueles que se tornaram discípulos estão para sempre gravados em minha memória e em meu coração.

Como se produz essa metamorfose misteriosa, que transforma seres que não nos pertencem em filhos amados, mimados, de fato nossos? Saint-Exupéry explica isso muito bem. Em *O Pequeno Príncipe*, a raposa fala da virtude da domesticação (*apprivoisement*). "Você se torna responsável para sempre por aquele que você domestica." Ensinar é domesticar e ser responsável por aquele que se domesticou.

Ao domesticar alguém, a gente o prende a si e a gente, por sua vez, se prende a ele. Um aluno não domesticado continua sendo alguém estranho, em cuja alma é impossível insuflar o que se considera como o essencial e o mais precioso no mundo.

A falta recai em geral sobre nós mesmos. Às vezes também sobre aquele que recusa responder a todas as solicitações. E então a gente quebra a cabeça, dolorosamente, procura-se compreender em qual momento isso descarrilou, houve alguma coisa que a gente não sentiu bem, em que se cometeu um erro.

Na base do processo pedagógico há, me parece, um sentimento, e esse sentimento é um interesse apaixonado pelo ser humano. Eu não exagero ao falar de sentimento a propósito do processo pedagógico. Penso que é esse sentimento que nos impele a ir na direção dos jovens, a abrir um caminho para encontrá-los, a fim de lhes transmitir aquilo que consideramos como um valor intangível: o Belo.

Esse sentimento se alimenta em mim de meu apego à escola de encenação instituída por Stanislávski e Nemiróvitch-Dântchenko. Tal escola não deve morrer, estou convicta disso. Daí o vivo interesse que dedico àqueles que devem assegurar sua perpetuação, sem excluir o risco de que essa escola possa tornar-se um esqueleto sem vida, inclusive de minha parte. Para tanto, não há salvação, a não ser em um trabalho encarniçado, na experimentação, na pesquisa. Somos levados a duvidar, a conservar, a descobrir, a rejeitar. É preciso sempre estar em movimento.

É possível facilmente nos representarmos um ser que conhecesse todos os segredos da encenação, que montasse maravilhosos espetáculos, mas que não estivesse interessado no ensino. Ele teria uma vida artística mais tranquila. Não se sentiria moralmente responsável pelo que fazem seus antigos alunos, pelo menor de seus passos. Ora, o peso da responsabilidade é real: quer eles queiram ou não, os alunos estão para sempre ligados àqueles que os formaram. No turbilhão da vida não se pensa nisso, mas chega o momento em que a gente se dá conta de que esse liame imaterial é muito mais sólido do que se crê. Seja como for, em troca de toda a tranquilidade do mundo, nada me faria abandonar o ensino e aquilo que ele me traz.

Oh! Eu não tenho uma visão edênica de meu ofício. Com muita frequência, quando já se deu tudo, recebe-se muito pouco em troca. Mas aquilo que se recebe provoca uma alegria tal que não se lamenta os esforços consentidos. Há qualquer coisa de surpreendente, de complexo e de exaltante na relação que se estabelece entre o mestre e o aluno [...].

Pretende-se que, para um encenador, é mais duro encontrar-se em face de atores profissionais do que para um mestre ser confrontado por seus alunos, pois estes seriam como uma argila dúctil. Essa não é minha opinião. Não tive, quase nunca, dificuldade para trabalhar com atores, pois nós, eles e eu, temos um só objetivo em comum: criar um espetáculo.

No ensino, o objetivo comum para o professor, assim como para o aluno, é bem mais extenso e bem mais distante. Trata-se de formar um artista, de obrigá-lo a pensar em imagens, a discernir sua personalidade, de despertar nele o desejo de ser natural, o que é o fundamento da arte. É fácil? Tanto mais quando não se está de modo algum em presença de um barro maleável [...].

Ensinar exige uma paciência enorme, o controle de si, o respeito, a confiança, mas também a severidade, a intransigência e, acima de tudo, [...] a bondade e o humor. Em nosso ofício, o humor é capaz de realizar o impossível. Goethe disse que o humor é a sabedoria da alma. Ser desprovido do senso de humor é ser limitado, ser destituído de toda amplitude de visão. A pessoa coloca, acima de tudo, sua própria concepção das coisas, seus próprios sentimentos. O véu de uma personalidade de empréstimo nos esconde o resto do mundo, impede-se o aparecimento da vida no fundo de si. Para um artista, é preciso absolutamente ser capaz de se olhar como que de viés, de se ver como um simples elemento do mundo externo [...].

Pode-se agir de diversas maneiras para formar encenadores. Mas agora é evidente que não se pode dispensar o tesouro que nos deixaram a esse respeito Constantin Stanislávski e Vladimir Nemiróvitch-Dântchenko. Temos em nosso país uma escola de encenadores, de formação de encenadores, isso é uma verdade reconhecida. Cumpre agora tomar plena consciência do fato.

Aprendi este ofício numa época em que não era ensinado. [...] Levei muito tempo até me aperceber de que eu amava este ofício, após longos anos em que ajudava meus camaradas a representar em um espetáculo, em que observei os ensaios conduzidos por Stanislávski ou Nemiróvitch, e evidentemente nos quais eu mesma adquiri uma experiência pessoal.

Agora as coisas são completamente diferentes. Pode-se estrear em grupos de amadores, antes de seguir um curso universitário de mise-en-scène para obter um diploma profissional.

Que a encenação possa ser uma arte aberta a todos é uma ideia inteiramente recente. No começo do século XX, não havia senão um número restrito de encenadores. Conhecíamos apenas aqueles que haviam aberto uma janela na arte teatral. Agora, a comunidade teatral tem necessidade de um grande número de encenadores. A encenação tornou-se um ofício cujos contornos se conhece bem. O véu de mistério que o recobria se dissipa pouco a pouco. Eu sei que ainda hoje existem pessoas que pensam que se nasce encenador, que a arte da encenação seria uma arte impossível de se aprender. É um ponto de vista que desaparece pouco a pouco, mas reconheço que não é destituído de fundamento e que não se deve desprezá-lo.

É evidente que para se ser encenador é preciso ter um dom. Porém acontece o mesmo com todo ofício, quer a pessoa seja comediante, pintor ou escritor, e também matemático, médico ou cosmonauta. Cada ofício supõe um dom específico, e é graças a esse dom que se pode começar a aprender. O mesmo ocorre com a encenação. Dizem que é difícil ensinar a mise-en-scène, mas em compensação pode-se aprendê-la. Nós pensamos que é preciso que o desejo de aprender seja concebido como uma necessidade para alunos dotados, ademais, de um dom inato.

Aprender supõe um processo de assimilação de conhecimentos que exige capacidade. Não se descobre imediatamente se um aluno tem capacidade de aprender. Muitas vezes [não se aprende] por falta de vontade, pois aprender supõe que a pessoa se dedique a isso plenamente, que ela gaste tempo nisso, que lhe consagre esforços, que sofra uma grande tensão nervosa etc. E, além disso, pressupõe um dom particular, que consiste em aceitar com confiança a contribuição do mestre. Aceitá-la sem abdicar de sua liberdade, sem tampouco deixar-se levar a certo ceticismo, guardando uma curiosidade intacta e comportando-se, por assim dizer, como o conservador daquilo que se aprendeu.

Durante muito tempo eu me opus à ideia de um manual para o aprendizado da encenação. Parecia-me que, por natureza, um manual era contraindicado para essa atividade artística, que ele oferecia o risco de dessecar a problemática. Pois a arte não consiste apenas em resolver tal ou qual problema, mas supõe também uma certa liberdade, uma espécie de ponto de interrogação, uma resposta subjetiva a tal ou qual questão. O que e o como se entrelaçam da maneira mais curiosa. E o segredo principal de toda arte provém precisamente desses entrelaçamentos maravilhosos [...].

Neste trabalho, me esforço em ordenar os materiais que acumulei no curso de meus anos de ensino. Mas não escrevi um manual. Um compêndio exige o mais alto nível de generalização, de sistematização. Aqui levanto simplesmente o balanço de minha experiência pessoal, de meus esforços, visando transmitir aquilo que eu recebi de meus mestres. Suponho que os discípulos de Vakhtângov ou de Meierhold confrontaram-se com experiências diferentes das minhas. Não é precisamente nisso que reside a riqueza de nossa escola teatral? [...]

Portanto, a bagagem que meus alunos levam ao vasto mundo consiste essencialmente na arte teatral de Stanislávski, Nemiróvitch-Dântchenko e de seus continuadores. Essa bagagem é um fardo que não é simples nem fácil de carregar. Para alguns, ela é demasiado pesada e eles se desembaraçam dela no percurso. Para outros, ao contrário, é vital e eles a aumentam até com novos elementos, enriquecendo o aporte de seus mestres e desta escola que é a deles.

Certo, cada um só pode carregar a bagagem que corresponde às suas forças. Porém, quanto mais pesado é o fardo, maiores são as forças. Trata-se de uma verdade que infelizmente a gente não compreende de imediato. Isso vem com os anos. [...]

Por que decidi chamar minha obra de *A Pedagogia É Poesia*? É porque, apesar da dificuldade, dos tormentos, das dúvidas e das decepções que ele traz, o ensino é, aos meus olhos, uma maravilha, próximo desta arte que é a mais preciosa, a mais sublime, a poesia.

Ao empreender o presente livro, eu me perguntei muitas vezes que lugar meus discípulos ocupam em minha vida. E me dou conta de que eles contam enormemente. Não será apenas em razão de seu número. Há numerosas turmas de alunos do Conservatório e, de resto, há a oficina dos encenadores dos teatros para a juventude, do qual faço parte há muitos anos. Os principais encenadores desses teatros foram meus discípulos e compartilham de minhas convicções. [...]

Acontece-me de encontrar, na mesma cidade, antigos alunos de diferentes turmas trabalhando no mesmo teatro ou em muitos outros. Então se travam novas relações artísticas e muito úteis. O que há de mais importante para um artista do que poder se confiar sem reticências, partilhar suas dúvidas com qualquer um que o ajude e o apoie? Então, que felicidade! [...]

Quando meus alunos ingressam na vida ativa são sempre as mesmas questões que me atormentam. Nosso ensino foi aquele que deveria ter sido? Fizemos tudo para que nossos alunos expressem o melhor, toda a riqueza íntima que eles possuem? Eu me pergunto também se é preciso lhes dizer quantos choques terão de enfrentar no seu ofício. E se se pode preparar para isso um futuro artista.

Às vezes a vida transforma um ser para o melhor ou para o pior. E, cada vez, eu me pergunto em que medida essas transformações são devidas à professora que fui.

Mas devo dizer que aquilo que me preocupa não é tanto um insucesso no trabalho do que uma atitude de desdém, de falsidade, de desonestidade no labor artístico. Todo mundo pode conhecer um revés, o destino não é feito de sucessos e de fracassos. O malogro não é algo que ponha em questão a arte. Mas se um artista se trai a si mesmo, trai seus princípios na sua arte e na sua vida, ele se destrói, e sua obra com ele.

Apesar desses numerosos anos de atividade professoral, não cheguei a descobrir o segredo que me parece essencial, como conseguir que meus alunos sejam seres humanos de qualidade,

Ciril Cusack, Siobhán McKenna e Bernadette McKenna em O *Jardim das Cerejeiras*, no Abbey Theatre (1968).

honestos na sua vida profissional, como impedir que não se desviem desse caminho. Eu me esforço para fazê-los compreender o quanto isso é importante. E depois é a'eles que compete encontrar seu caminho.[12]

"Deistvenni Analiz" (A Análise Dinâmica)

O primeiro objetivo de Maria Knöbel é formar seres completos, abertos para o mundo e para os outros. Em suma, desenvolver sua cultura geral por meio de leituras tão variadas quanto possível. Trata, em seguida, de proporcionar aos futuros comediantes e aos futuros encenadores ferramentas adaptadas a seu trabalho. Ela dá exemplos de encenações que se tornaram emblemáticas. Fala dos espetáculos a que assistiu no curso de sua vida. Precisa usar astúcia, a fim de não despertar as suspeitas de transgressão da linha do Partido. É assim que, amparando-se em suas notas, realiza o *tour de force*, a façanha de falar de um espetáculo teatral sem pronunciar uma só vez o nome do encenador e do intérprete. É notadamente o caso da *Dama das Camélias*, que ela viu no Teatro Meierhold antes de seu fechamento. Os alunos estavam fascinados, sobretudo os futuros encenadores. Eles tinham certamente na ponta da língua os nomes de Meierhold e de Zinaida Reich, a intérprete de Marguerite Gautier. Mas eles sabiam também guardar silêncio.

É somente no terceiro ano que ela inicia seus alunos na "análise dinâmica", método que desenvolveu progressivamente, inspirando-se na experiência de seus mestres. Ela expõe seu método em 1959 em *A Análise Dinâmica da Peça e do Papel*, obra que conheceu tal sucesso que foi reeditado duas vezes, primeiro em 1961 e mais tarde em 1982. Seu método não tinha nada de congelado, ela o melhorava constantemente, adaptando-se a seus alunos, adaptando-se aos textos.

Ela retomava, em suas grandes linhas, as ideias de Stanislávski. Partir do texto e analisá-lo, mas não de maneira livresca, porém fazendo participar nisso o corpo, todos os sentidos misturados, eis ao que era preciso habituar os alunos. O comediante entra no texto bordando sobre sua trama. Ele reproduz aí

---

12 *Poezia pedagogiki*, 2. ed., Moscou: VTO, 1984, p. 11-18, 525-526 (com cortes).

LIÇÕES DE TEATRO

o sentido sem ser escravo das palavras. Graças a essa forma de improvisação, ele dá provas de espontaneidade, isto é, de criatividade.

Restava uma questão que ela não conseguia resolver de maneira satisfatória. Não há um risco de banalização, de vulgarização, mesmo quando se pede a um comediante para parafrasear o texto de um autor, que tem sua poética, seu estilo próprio? Não é uma profanação, no tocante a um Shakespeare, a um Púschkin, a um Tchékhov?

De fato, o trabalho de improvisação só se processava na fase da preparação. Era uma maneira de se impregnar da obra, de se apropriar dela de maneira física. Nesse estágio, a fidelidade literal ao texto era antes um inconveniente, oferecia o perigo de conduzir à ilustração e não à criação do sentido. Nesse trabalho preparatório, o mestre ou seu assistente, servia constantemente de guia, acompanhava o aluno em seu trabalho de exploração. Trabalhando no palco nu, o comediante devia fazer funcionar sua imaginação e não ter medo de se lançar na arte perigosa da improvisação. A reapropriação do texto não intervinha senão mais tarde.

Para Maria Knöbel a qualidade principal do comediante devia ser sua capacidade de improvisação. Mikhail Tchékhov lhe havia revelado a importância da improvisação no jogo do ator. Com a linha das ações físicas, Stanislávski, ele também, havia concedido grande atenção à faculdade de improvisação.

Todos tinham em mente o exemplo da *Commedia dell'Arte*. Como era de praxe contentar-se em expor apenas nos bastidores o esquema da intriga, o comediante tinha a liberdade de improvisar conforme o seu humor e em função das reações do público. A improvisação é o acréscimo que o comediante traz ao papel escrito que lhe incumbe vivificar. A cultura livresca é vivificada pela cultura oral.

Caberá compreendê-la, a improvisação não consiste em atirar-se de cabeça baixa, sem timão e sem velas, conforme os impulsos do momento. É, ao contrário, um estado que supõe uma grande concentração e uma grande coragem. Improvisar é, para ele, pôr a vida em perigo. É o elã pelo qual o comediante sai de si mesmo para chegar ao sublime. Como a liberdade, a improvisação comporta um risco.

O poeta Púschkin mostrou em sua novela, *A Condição de Cleópatra*, a natureza desse risco. Um "improvisador" italiano mantém seu público com a respiração em suspenso contando-lhe uma velha lenda, segundo a qual Cleópatra oferece uma noite de volúpia a todo homem pronto a dar sua vida em troca. Poesia, amor, criação artística, são sempre uma questão de vida e morte:

il salto mortale. No momento de improvisar, de inventar uma história que ele conhece, no entanto, de cor, o improvisador sente "a aproximação do deus". Ele não é mais senhor de si mesmo. Como o poeta, o comediante deve estar pronto a dar sua vida em troca da segunda iluminação no curso da qual ele não constitui senão um único ser com sua personagem.

Púschkin teve a extraordinária intuição do que constitui a essência da arte. Não há arte sem liberdade, e é a improvisação que é essa liberdade. "Que se lembrem daquele que cantou a liberdade nesse século de ferro...", tal é a mensagem que ele endereça à posteridade.

A arte do poeta russo é fonte de inspiração. Maria Knöbel propõe a seus alunos a montagem de uma peça de Púschkin para o espetáculo de conclusão de curso e diplomação. Será *O Festim no Tempo da Peste*, obra enigmática, raramente representada, que deixa a cada um a liberdade de interpretá-la à sua vontade. Sob uma simplicidade e ligeireza enganosas, é uma reflexão profunda sobre a condição humana. E isso desperta ecos particulares na Rússia, onde aquilo que era verdadeiro na época de Púschkin continuava a ser na época de Maria Knöbel.

"O Festim no Tempo da Peste", de Aleksandr Púschkin

O poeta está retido no campo, na propriedade de sua mulher nas cercanias de Nijni-Novgorod. Está impossibilitado de retornar a São Petersburgo. A região encontra-se em quarentena por causa de uma epidemia de cólera. Obrigado a prolongar o que ele sente como um exílio, dedica-se à escritura. Este será o famoso outono de Boldino: poemas, baladas, textos dramáticos. Ele escreve suas "pequenas tragédias", variações sobre temas da literatura universal. Peças breves, concentradas, que desenvolvem seu conflito trágico com a velocidade de um cavalo a galope. Sua estrutura epigramática as torna pequenas obras-primas.

Púschkin se recorda de outra epidemia bem mais terrível, a epidemia de peste que assolou a Europa no século XVII. Inspirando-se na peça do dramaturgo inglês John Wilson, *The City of the Plague*, ele borda sobre o tema da morte anunciada. Volta, enfim, a São Petersburgo sem ter tempo de concluir a peça. Na falta de epílogo, cabe ao leitor e ao espectador tirarem suas próprias conclusões e converterem-se, por seu turno, em dramaturgos.

Maria Knöbel descreve de maneira muito detalhada o trabalho de encenação realizado com seus alunos, aplicando o método da "análise dinâmica". O julgamento coletivo procura desvendar o mistério da peça de Púschkin:

Quando eu lhes propus montar esta peça, meus alunos fizeram beicinho. Eles conheciam as dificuldades que ela apresentava. Eu me limitei a dizer que se tratava de uma obra iniciática, cujo sentido lhes apareceria bem mais tarde. Eles sentiam de fato que a peste não era simplesmente a alegoria de uma moléstia social. Por meio dessa confrontação com a morte, Púschkin tocava em uma mola oculta no coração de cada um. Sem nenhuma escapatória. A peste rói os corpos, rói os espíritos, rói a sociedade. Mais do que da morte, a peça fala do enclausuramento e da solidão. Mas é também um hino à liberdade.

Após a leitura em comum, aborda-se diretamente a fase ativa. Estabelece-se o plano, ilumina-se as articulações espaço-temporais e o comportamento que elas sugerem. Somente após ter-se abeberado nas fontes imaginativas dos atores é que se retorna ao texto original. À força de amassá-lo, o texto se torna familiar, adentra nos músculos, na inteligência, na memória e no coração do ator.

A elaboração do esquema supõe que se destacou bem o 'nó' da peça, sua 'significação profunda'. Partindo desta visão global, volta-se a descer por etapa ao nível dos diversos fragmentos. Cada um desses fragmentos é, por seu turno, decomposto em 'eventos' constitutivos. Esses são, de algum modo, as células de base do conflito dramático. O conjunto das células constitui o tecido, o contexto no qual se banham os eventos.

Quando sugiro que o 'nó' da peça é a peste, eu me choco com um concerto de protestos. – Mas não – diz um –, a peste não é o nó, ela não é senão o contexto, o ambiente, a situação. – Como assim, ela não é o nó? Sem a peste não haveria peça! – De acordo, mas no começo da peça já faz um tempo que a epidemia está no auge. As vítimas não se contam mais, carroças basculantes carregadas de cadáveres atravessam a cena. O 'nó', o conflito dramático, é o festim, esse desafio lançado a Deus e aos homens...

Eu tento restabelecer um pouco de calma e incito os alunos a determinarem nesse contexto a sequência dos 'eventos'. – Escutem-me –, digo-lhes –, em uma dada situação, o homem passa por uma série de eventos. O contexto é a acumulação dos eventos aos quais os homens acabam por se acostumar. Que alguém me diga o que é aqui 'evento' e o que é 'contexto'. – Uma mão se levanta: – Para mim, o contexto é constituído por dois eventos: a peste e o festim. Os dois se produzem no tempo em que decorre a peça. O festim é um desafio para aqueles que nele participam e um escândalo para os outros.

Eu coloco minha questão de outro modo: – Finalmente, qual é, segundo vocês, o 'nó' da peça? – É a morte de Jackson – retoma com segurança um outro aluno. – Jackson – lembra ele – é aquele que teve a ideia do festim e que foi o primeiro mestre de cerimônias. Ele opõe o riso, o divertimento e a amizade ao reino da desgraça, da solidão e da morte. O festim restitui ao homem a sua dignidade. Mas Jackson é ele próprio arrebatado pela peste. Aquele que o sucede, Walsingham, é um homem angustiado que não tem seu carisma. É o que exprime o Jovem, essa personagem anônima que exige que se renda uma fervorosa homenagem ao defunto. Jackson os ajudou a esperar contra toda esperança, ele ergueu uma barragem contra o desespero. A barragem cedeu, mas a honra está salva.

> Ó venerado mestre de cerimônias,
> Rendamos homenagem ao homem audaz,
> Cujas zombarias e ditos de espírito,
> Insolências e réplicas
> Escondiam seus chistes sob a bonomia,
> Alegravam nossos festins
> E afugentavam as ideias negras
> Que nossa convidada, Madame, a peste,
> Inocula mesmo nos espíritos
> Os mais ousados do país.

Ele estava alegre, desafiou a morte antes de ser sua vítima, por sua vez. Que importa! Seu sucessor sente-se perturbado. Ele não tem a despreocupação desse Jackson cuja perda todos choram. O torniquete se fecha sobre ele. Ele já perdeu sua mãe e sua mulher!

LIÇÕES DE TEATRO

– É verdade, é isso – retoma outro aluno –, Jackson o ajudava a suportar sua dor arrastando-o para o turbilhão da festa. E a ação começa precisamente no momento crucial em que aquele que desafiava tão decididamente a morte é, por sua vez, arrebatado. Ele havia constituído um círculo mágico que devia proteger seus companheiros e a ele mesmo da morte ou, ao menos, do medo da morte. Suas armas são o riso, o divertimento, os prazeres da mesa! Mas algo não funcionou e a poltrona de Jackson está desesperadamente vazia. Ninguém se atreve a sentar-se nela. O princípio de realidade se impõe. Não está aí o 'nó' da peça? Todos sabem que estão condenados, mas a vida deve continuar.

O novo mestre de cerimônias não tem o brio de seu predecessor, não possui sua intrepidez. Ele tem necessidade de se recolher e propõe observar um minuto de silêncio.

É ele quem, o primeiro,
Deixou nossa companhia.
Em sua memória nós vamos beber,
Bebamos, mas em silêncio.

Walsingham é incapaz de expulsar de seu espírito a consciência do trágico da situação. Para fazer eco à sua melancolia, ele pede a Mary, sua vizinha de mesa, para cantar uma romança, uma melodia de amor.

Os alunos escutam atentamente a análise de seus camaradas. Mas os espíritos se aquecem e não se chega a um acordo sobre o essencial. Qual é, finalmente, esse 'nó' que todos nós procuramos? A peste ou o festim? A conclusão se impõe, não é a peste, mas o festim! E a linha diretriz do festim é a de perseguição, a despeito de tudo, desta atitude de desafio inaugurada por Jackson.

– Agora – digo eu – vamos nos colocar a questão do desenlace. Isso nos permitirá, talvez, ver o problema de maneira mais clara.

– O desenlace – retoma o mesmo aluno – é o duelo verbal entre Walsingham e o padre, um duelo sem vencedor nem vencido. O padre está escandalizado com a atitude desses jovens que, em vez de pensar nos fins últimos, desafiam a morte, farreiam, acariciam as moças, promovem o regabofe e esvaziam taças de champanhe. Evoca-se a cena do *Don Giovanni*, de Mozart, em que o descarado transgressor de todas as regras oferece um festim ao Comendador cuja morte ele provocou.

É a confrontação de duas visões do mundo. Eu estou surpresa de ver que, a despeito do peso do ateísmo em nosso país, o padre não tem falta de partidários. Ele está escandalizado com a determinação de Walsingham, que é um espírito forte, que não crê na vida após a morte. O festim é um ato de protesto diante do absurdo da vida, um ato de desafio ante todo o poder da morte. A peste não é uma simples doença que golpeia ao acaso. É uma lepra espiritual que destrói o humano no homem. O festim é a resposta daqueles que opõem a força do espírito ao espírito de resignação. E eu estou tentada a partilhar de seu ponto de vista.

Oferece Púschkin uma resposta a esse enigma? Seu eu lírico se encarna em cada uma das personagens principais: ele é Jackson, o homem da bacanal, que afronta a morte. Ele é Walsingham, seu sucessor, assaltado de dúvidas. Ele é também o padre, para quem a morte não é senão uma passagem para uma outra vida. Entre o cristianismo e o estoicismo, Púschkin não se decide. Nós trocamos nossas ideias sobre esse aspecto e estou encantada em ver até que ponto os alunos se apaixonam por essas questões existenciais.

Após essa fase de exploração em que estivemos em busca do sentido dessa obra, convém esclarecer os pontos de ancoragem que vão estruturar a representação. Retomamos a obra desde o início, e nos limitamos a notar a sucessão dos 'eventos'. Quatro acontecimentos fundamentais se impõem: o fato de que seja o Jovem e não Walsingham quem propõe prestar homenagem a Jackson. Este é o evento desencadeador. Um evento pouco aparente, mas que permite compreender o caráter do novo mestre de cerimônias.

O evento seguinte se produziu quando Walsingham pede a Mary para cantar uma romança. Quem é Mary? Ela dá a entender simplesmente que perdeu sua inocência. John Wilson é mais explícito, ele a torna uma prostituída. Púschkin não se declara.

Cante-nos, Mary, uma canção triste!
Nós voltaremos em seguida com mais força
Ao ardor da vida, como um sonhador
Que caça longe dele o sonho da noite…

LIÇÕES DE TEATRO

A elegia de Mary, que prega a resignação e lamenta as alegrias da infância, é bruscamente interrompida por Louise, que está sentada ao lado do mestre de cerimônias. Ela censura Mary com veemência por ter assim estendido um véu sobre a atmosfera de tristeza que deve ser a do festim. Mas, no mesmo instante, passa em plano de fundo uma carroça basculante sinistra 'conduzida por um cocheiro negro e carregada de cadáveres'. A gente não pode velar a própria face, a realidade está aí, a morte, a menos que seja o diabo. Durante toda ilusão, Louise desmaia. Os convivas se azafamam. Cada um tenta fazê-la voltar a si, Mary a toma ternamente em seus braços.

Irmã de minha vergonha e de meu desespero,
Vem te aconchegar contra o meu coração.

Um estranho parentesco une as duas mulheres… Walsingham está siderado. Ele julgava que Louise fosse mais forte, mais intrépida do que Mary, e se espanta com este acesso de fraqueza:

Curiosamente, o cruel
É mais frágil que o terno,
E o medo vive no coração daquele
Que tem a paixão.

Esse acontecimento mergulha os convivas em um medo pânico. O encanto do festim está rompido.

É então que se produz o seguinte acontecimento: o Jovem toma de novo a iniciativa. Ele concita o mestre de cerimônias a cumprir seus deveres e exige uma canção endiabrada, uma canção dionisíaca, acompanhada de uma taça inflamada. É preciso superar as hesitações dos homens e a fraqueza das mulheres. Este aceita o desafio. Em uma mescla de desespero e de estoicismo, Walsingham entoa o hino à peste, que ele compôs na noite anterior, após a bebedeira deles.

Honra a ti, peste fúnebre!
Saudação a vós, negras trevas!
Teu chamado não nos causa medo.

Brindemos e juntos bebamos!
Nós respiraremos virgens flores,
O mortal perfume da peste…

É nesse momento que o padre faz sua aparição, o que constitui o quarto e último evento. O festim é uma resposta humana à morte que se aproxima. Para o padre, festejar é a resposta dos insensatos arrastados pelo diabo. Longe de libertá-los, seu ateísmo é uma vitória da morte. Ele está persuadido de que há uma outra dimensão, de que há uma ultrapassagem da morte terrestre.

Ele apostrofa esse Walsingham que ele conhece muito bem, este homem que recusa todo consolo ilusório. Contrariamente ao que afirma o padre, para ele, nem sua mãe nem sua esposa estão 'no céu'. Só reina o nada.

Não posso e não devo te ouvir.
Pois aqui tudo me retém:
O desespero, as lembranças atrozes,
A degradação em que caí.

Ele amou Matilde, sua mulher, e foi loucamente amado por ela. A morte os separou definitivamente um do outro. A única atitude decente é a resignação e o esquecimento. Ele não tornará a vê-la jamais, disso está persuadido.

Onde estou eu?
Ó Luz, eu te percebo
Lá onde jamais meu espírito maculado
Terá acesso…

A peça se interrompe nesse momento crucial.

O PADRE: Vem, segue-me, meu filho!
WALSINGHAM: Em nome de Deus, meu pai, deixe-me!
O PADRE: Que o Senhor venha em tua ajuda.
      Adeus, meu filho.

LIÇÕES DE TEATRO

A didascália final deixa todas as opções abertas: 'O padre se retira. O festim prossegue. O mestre de cerimônias permanece mergulhado em profunda meditação.'

Somente depois de terminado este trabalho é que passamos à 'análise dinâmica'. Os atores sobem ao palco. Eu distribuo os papéis. Sem se adstringir à prosódia puschkiniana, os comediantes irão se exprimir livremente, adotando espontaneamente uma espécie de prosa ritmada. Eles vão seguir o esquema em que estão enumerados os eventos determinados na fase anterior. Eis o essencial desse trabalho:

Render homenagem à memória de Jackson. (O Jovem)
Pedir que Mary cante uma romança melancólica. (Walsingham)
Cantar um hino endiabrado à peste. (Walsingham)
Recusar a consolação do padre. (Walsingham).

No momento de começar, eu me choco com uma objeção de fundo. Por que passar pelo intermediário do esquema em vez de representar diretamente o texto? Eu lhes peço que se armem de paciência, que tenham confiança em mim e que julguem segundo os resultados.

A estranha atitude de Louise traz problema. Deve-se considerar que se trata de um 'evento' pleno por si ou de um simples episódio?

É aí que o jogo de atuação no esquema irá revelar sua fecundidade. Peço a um dos alunos que vá ao piano. Ele improvisa uma ária que serve de acompanhamento ao canto de Mary. A intervenção súbita de Louise, que interrompe Mary em vias de cantar, irá encontrar sua justificativa na reação corporal da comediante.

A cortina se abre. Uma longa mesa acha-se instalada em diagonal. Todos os lugares estão ocupados, exceto no centro, a poltrona vazia de Jackson. O assento de Walsingham está à direita. Faz-se um longo silêncio, logo interrompido pelo músico que toca acordes melancólicos no seu piano. O conjunto dos convivas está congelado, os semblantes sombrios. Só o Jovem se movimenta; com uma garrafa de champanhe na mão ele preenche uma a uma todas as taças. É preciso, diz ele, reatar com a audácia de um Jackson. —Vamos nos divertir! – diz ele, erguendo sua taça. Animação geral. Brinda-se em meio a uma alegre algazarra. Mas o novo mestre não está convencido. Ele põe fim a essa balbúrdia, convidando à meditação:

Bebamos em silêncio.

O aluno que desempenha o papel de Jovem me confiará mais tarde que no momento de levantar sua taça em honra a Jackson, ele teve a visão súbita de um de seus amigos que acabava de morrer. Quanto ao intérprete do papel de Walsingham, ele me confiará: — Eu não tinha nenhuma vontade de retomar nossos jogos, mas depois de ter proferido meu brinde, compreendi que era preciso que eu me abalasse. Meus olhares pousaram sobre Mary. Ela tem uma voz tão bela! Ela nos proporcionará a serenidade, disse eu para mim mesmo, e poderemos retomar então mais serenamente nossos divertimentos.

Sempre cantando, Mary fixa Walsingham com um olhar amoroso. Louise, que está sentada ao lado deles, os observa com atenção. Ela censura vivamente Walsingham por ter encorajado Mary a cantar essa romança plena de nostalgia. Mas não seria sua reação brutal simplesmente um sinal de ciúme?

Após esse episódio dramático, Walsingham volta-se para seus companheiros de prazer. É preciso parar de proceder como se a peste não existisse. É preciso, ao contrário, levá-la a sério e lutar com coragem. — Eu não tenho medo da morte, quero olhá-la de frente. Ergamos nossas taças, mas bebamos em silêncio.

Chegamos ao evento final: a disputa que opõe Walsingham e o padre. Não é uma simples justa verbal, cada palavra importa. Atrás do tinido das palavras, entrevê-se a realidade incontornável da morte.

Para entrar melhor em sua personagem, o intérprete do padre se ajoelhou antes de ingressar em cena. Ele olha severamente para Walsingham, que se ergue diante dele e o enfrenta. No entanto, ouvindo pronunciar o nome de Matilde, ele desmorona, acusa fisicamente o golpe e, com o rosto entre as mãos, murmura com uma voz apenas audível:

Eu te conjuro, não me fale dela!

Os dois homens estão separados por um muro infranqueável. É uma espécie de psicodrama que opõe seres de carne e osso animados de paixões contraditórias. Ao ser humano repugna ser confrontado com o trágico da existência.

LIÇÕES DE TEATRO

163

Toda a arte do poeta inspirado consiste em tratar de temas graves sob uma aparência de leveza.

Esta longa exposição do trabalho efetuado com seus alunos é uma demonstração do método adotado por Maria Knöbel. Sem se privar dos recursos da análise literária, a "análise dinâmica" mobiliza todo o ser do ator, todo seu "coração", como diria Mikhail Tchékhov. Aquilo que é um enigma para o intelecto é desvelado pela atitude corporal. A lógica do esquema permite ao ator entrar plenamente no seu papel e torná-lo crível, natural, autêntico.

Não é senão após um longo desvio que o comediante reencontra o texto original do dramaturgo. Ele tem então a surpresa de constatar que domina perfeitamente o texto em verso do poeta. Os versos fluem naturalmente de sua boca. A música dos versos se impõe como constitutiva do espetáculo. Corpo e alma se tornam um só.

Um "Jardim das Cerejeiras" Irlandês

O teatro de Tchékhov tinha algo de familiar para os irlandeses. Ele fazia vibrar o coração. Mas até então eles não haviam visto nenhuma representação das peças de Tchékhov a não ser por atores ingleses. Os irlandeses esperavam com impaciência a interpretação de *O Jardim das Cerejeiras* por um encenador russo.

Quando no ano anterior Maria Knöbel montara a peça no vasto palco do Teatro do Exército Soviético, ela conseguira criar uma atmosfera feita de poesia e sensibilidade em consonância com o drama de Tchékhov. Não era um desafio reconstituir esse espetáculo no palco bem mais restrito do Abbey Theater? Aquilo que Nemiróvitch havia feito com uma trupe italiana em Roma em 1933, cabia-lhe fazer em 1968 com uma trupe irlandesa em Dublin!

Foi premonitória a condenação ao exílio dessa família tão tocante em sua ingenuidade. Crivada de dívidas, Ranevskaia deve abandonar a propriedade à qual tantas lembranças a vinculam, inclusive a desgraça da morte de seu filho, afogado em uma lagoa. Nada poderá substituir a maravilha das cerejeiras floridas na primavera, com sua profusão de flores brancas, promessas de ventura!

A personagem principal, Liubov Ranevskaia, estava confiada à grande Siobhán McKenna, uma atriz na força da idade. Maria reencontrava com ela suas sensações de Moscou, o bastão passava maravilhosamente de Liubov Dobrjanskaia para Siobhán McKenna. Ela entrava com naturalidade na pele de sua personagem. Essa personagem estava à espera de um milagre que não se produzia. Graças a ela, o teatro Abbey fazia reviver o encanto secreto de Tchékhov, sua infinita ternura. Maria Knöbel constatava, com grande satisfação, que a língua não era um obstáculo. Os comediantes irlandeses apanhavam num relance suas indicações e as traduziam em seu jogo, em seu corpo, em sua alma.

Quando Maria Knöbel propôs à comediante irlandesa que utilizasse o método da "analise dinâmica", chocou-se com uma grande incompreensão e ceticismo. Devia ela realmente sujeitar-se a esse jogo de criança? Ela estava habituada a mergulhar diretamente em sua personagem e sentia-se orgulhosa com o resultado. Não tinha nenhuma necessidade de miseráveis muletas. Mas, com a curiosidade ajudando, como grande comediante que era, compreendeu que não perdia nada em tentar. Aceitou, pois, fazer uma improvisação sobre o tema da "volta para casa".

Ela entra no quarto, concentrada. Olha intensamente cada objeto, esses objetos ao mesmo tempo familiares e olvidados. Ela se demora diante de uma mesa, diante de um bibelô. Logo se anima, acaba de perceber uma cadeirinha, sua cadeira de criança, põe-se de joelhos diante dela, aperta-a em seus braços, cobre-a de beijos, e as lágrimas correm de seus olhos. Siobhán McKenna entra em outra dimensão, ela é metamorfoseada, ela é Ranevskaia, será inesquecível nesse papel. A improvisação a faz atingir a essência da peça nesta cena que é como sua crisálida.

Maria Knöbel lembrava-se da admirável Olga Knipper que, para desempenhar o papel de Ranevskaia, preparava-se intensamente antes de entrar em cena. Ela se desfazia em lágrimas, rindo ao mesmo tempo, nervosamente. Não era um sonho que ela perseguia ao reencontrar seu quarto de criança?

Maria Knöbel precisava descobrir até que ponto Tchékhov falava aos irlandeses. O exílio faz parte de sua história! Ranevskaia é uma das suas. Mesmo nesta Paris, onde levava uma bela vida, continuava sendo uma estrangeira, uma exilada. Quando volta para sua casa, ela se embala com a ilusão de um retorno à felicidade da infância, de uma volta à idade da inocência. Ranevskaia e os seus encontram a brancura do paraíso no mesmo momento em que são expulsos dele e em que todo retorno para trás lhes está interdito. Para Lopákhin, esse pequeno "mujique", que se torna de repente proprietário, o cerejal é o valor supremo com o qual sempre sonhou, mas que ele não hesita em mandar abater para expulsar o passado. Grandeza de um, decadência de outros. É o eixo que

Esboço do cenário de *O Jardim das Cerejeiras*, por Pimenov.

comandava a *mise-en-scène* de Maria Knöbel. Ela dedicou *O Jardim das Cerejeiras* a todos os expatriados, a todos os exilados e, especialmente, a seus amigos perdidos na tormenta e exilados em toda a parte do mundo.

Inspirando-se em certas intuições de Meierhold, Maria Knöbel pedira a Iuri Pimenov, o maravilhoso pintor e cenógrafo, que concebesse um cenário sugestivo, simbolista. A famosa plantação de cerejeiras era simplesmente sugerida pelas leves cortinas brancas estendidas por todo o contorno do palco. O branco era onipresente. Quando Ranevskaia regressa à sua casa, a brancura das flores faz eco à da geada que recobre a terra. Ranevskaia está com um vestido branco com uma sobressaia de renda. Mas ela usa um cinto negro, um colar de pérolas negras e um broche de prata. O Abbey Theater reproduzia tal e qual esse cenário etéreo que havia contribuído tanto para o entusiasmo do público moscovita.

Quando soube que não haveria cerejeiras, nem troncos de árvores, nem pétalas de cerejas, Siobhán McKenna se mostrou muito decepcionada. Sua inspiração tinha necessidade de tais elementos para alçar voo. Os comediantes irlandeses começavam a se perguntar se haviam tido razão de confiar *O Jardim das Cerejeiras* a essa russa excêntrica e iconoclasta.

Quando declarou à trupe que se sentia em casa com eles, que tinha a impressão de estar na Rússia, teve direito a uma ovação. Ela não podia ter-lhes feito melhor cumprimento. Quanto à Ranevskaia irlandesa, ela compreendeu que, graças à visão sublimada desse jardim paradisíaco, sua atuação ganharia em leveza e profundidade. Ela foi sublime, uma das melhores encarnações do papel. Maria chegava a esquecer-se que ela se exprimia em inglês.

O dia da estreia foi um triunfo para Maria Knöbel. Muito atento e comovido pela profundidade da peça de Anton Tchékhov, o público foi sensível à delicada música de Liubov Ranevskaia e de seu irmão Leonid. Quando Trofimov afirmava pomposamente que a Rússia é um jardim, os irlandeses pensavam na Irlanda.

O trabalho não fora muito tranquilo, mas os comediantes se superaram. A peça ficou cinco semanas em cartaz! Maria havia reencontrado sua juventude em contato com esses comediantes até então desconhecidos para ela. Com essa viagem inesperada, lembranças profundamente enterradas na sua memória lhe voltavam à tona em uma ronda desenfreada... Ela se sentia feliz, sentia-se remoçada. Seu talento de encenadora se confirmava maravilhosamente, mas, para além de sua grande cultura teatral, de seu amor à verdade, da empatia que sentia em relação aos comediantes, ela havia atingido o universal da arte.

FIM

DOCUMENTOS AUDIOVISUAIS UTILIZADOS

PÁGINAS 14 e 67, da coleção particular do autor.

PÁGINA 86, da coleção particular de Natalia Zvereva.

PÁGINAS 18 e 97, de *Vsiá Jizn'* (Toda Vida), montagem com trechos dos cursos de Maria Knöbel em russo., duração de 38'56".

PÁGINAS 107 e 151, extratos do espetáculo *The Cherry Orchard* (O Jardim das Cerejeiras) no Abbey Theater, em Dublin, em 1968, com direção de Maria Knebel; em inglês; disponível em: <https://www.youtube.com/watch?v=MtdObmwiOow>, acessado em 17 jan. 2018.

OS TRABALHOS E OS DIAS DE MARIA KNEBEL

1898 19 de maio, nascimento em Moscou

1913 Estadia em Bordighera, Itália (para tratar de uma suspeita de tísica)

1914 Deflagração da Primeira Guerra Mundial, em julho. Estadia da família na Floresta Negra, em agosto. Obtenção em Berlim de passaportes russos para poder voltar a Moscou.

1915 Joseph Knöbel, pai de Maria, é vítima de vandalismo do *pogrom* antialemão. Diploma de fim de estudos secundários.

1916 Matrícula na Universidade (Faculdade de Matemática).

1917 Esposa Bóris Goltsev, seu amigo de infância.

1918 Início dos cursos de Mikhail Tchékhov. Expropriação da editora Joseph Knöbel.

1921 Fim do Estúdio de Mikhail Tchékhov. Representação, no Segundo Estúdio, da adaptação cênica por M. Tchékhov do conto de Lev Tolstói, *Ivã, o Simplório e Seus Dois Irmãos,* com encenação de Stanislávski.

1922 Aluna da Escola de Arte Dramática do Segundo Estúdio. No teatro do Segundo Estúdio interpreta dois pequenos papéis: um diabrete em *Ivã, o Simplório* (Lev Tolstói); e Remnitsina em *A Guirlanda de Rosas* (Sologub). Separa-se de Bóris Goltsev. No verão, turnê no estrangeiro pelo Primeiro Estúdio sob direção de Mikhail Tchékhov.

1923 Segundo Estúdio, desempenha o papel de um Servidor Anão em *Os Saltadores* (Schiller). Proibição da antroposofia, da qual Mikhail Tchékhov é adepto.

1924 É atriz titular do Segundo Estúdio. Em agosto ocorre a absorção do Segundo Estúdio pelo Teatro Artístico. Ela é contratada na condição de estagiária. O Primeiro Estúdio (dirigido por Mikhail Tchékhov) torna-se o Teatro Artístico n. 2. Maria Knöbel casa-se com Naum Grigorievitch Fried. Teatro Artístico n. 1. Reprise do espetáculo do Segundo Estúdio, *A Tsarina Elizaveta I*, de Smolin, no papel de Beningo Biron.

1925   Teatro Artístico n. 1. Reprise do espetáculo do Terceiro Estúdio, *A Batalha Pela Vida* (conto de Dickens), *mise-en-scène* de Stanislávski, com Knöbel no papel de Mrs. Snitchi.

1926   Joseph Knöbel morre de enfarte.

1927   Teatro Artístico n. 1: *As Bodas de Fígaro* (Beaumarchais), *mise-en-scène* de Stanislávski; papel de Marceline. *O Pássaro Azul* (Maurice Maeterlinck), reprise; no papel da coriza, da vizinha Berlingot, da criança ainda não nascida. *O Trem Blindado 14-69* (Vsévolod Ivanov); papel de uma refugiada.

1929   Teatro Artístico n. 1: *O Bloqueio* (Vsévolod Ivanov); papel da Mulher da Canga. *O Sonho do Tio* (Dostoiévski); papel de Karpukhina. 1930 - Teatro Artístico n. 1: *Ressurreição* (Lev Tolstói); papel de a velha corcunda. *A Publicidade* (Watkins); papel de um *Cameraman*. Alexei Popov é nomeado diretor do Teatro da Revolução. Teatro Artístico n. 1: *Os Três Gordos* (Iuri Olecha); papel de Tia Ganimedes.

1932   Teatro Artístico n. 1: *Almas Mortas* (Gógol); papel da Cozinheira Mavra. Divórcio de Naum Grigorievitch Fried. Instala-se na rua Studentchskaia.

1933   *Ganhando Meu Pão* (Gorki), no papel da mulher do padeiro Semionov. Casa-se com Pavel Urbanovitch, encenador adjunto do Teatro da Revolução. Estúdio Ermolova criado por Teréchkovitch, ator do Teatro Artístico n. 1.

1934   Teatro Artístico n. 1, *As Aventuras de Mr. Pickwick* (Charles Dickens); no papel de Mrs. World. Clube do Instituto das Construções Elétricas de Moscou, *Nenhum Tostão no Bolso e De Repente Três Centavos* (Ostróvski). Primeira tentativa de encenação. Encontro com Alexei Popov, diretor e encenador do Teatro da Revolução.

1935   Em abril, Estúdio Ermolova, *A Arte de Conspirar* (Scribe), *mise-en-scène* de Maria Knöbel e Teréchkovitch. Teatro Artístico n. 1: *O Jardim das Cerejeiras* (reprise); papel de Charlotte.

OS TRABALHOS E OS DIAS DE MARIA KNEBEL (1898-1985)   171

1936   Teatro Artístico n. 1: *Liubov Iarovaia* (Treniov); papel de Mme. Gor-
        nostaeva. Em fevereiro, Estúdio Ermolova, *O Longo Caminho* (Arbu-
        zov), encenação de Maria Knöbel. Em março, dissolução do Teatro
        Artístico n. 2. Estúdio Ermolova: *A Madrasta* (Balzac), encenação
        de Maria Knöbel e Teréchkovitch. O Estúdio de Arte Lírica e Dra-
        mática. Stanislávski pede a Maria Knöbel que ministre um curso
        de expressão oral.

1937   Teatro Artístico, *Anna Karenina* (Tolstói); papel de Kartassova. Estú-
        dio Ermolova, *Os Últimos* (Górki), encenação de Maria Knöbel.
        23 de fevereiro: morte de Teréchkovitch (enfarte); Azarin-Messerer,
        comediante do Teatro Mali, sucede Teréchkovitch na direção do
        Estúdio Ermolova. Em maio, no Estúdio Khméliov, *Os Filhos do Sol*
        (Górki), encenação de Khméliov e de Maria Knöbel. Em agosto,
        turnê do Teatro Artístico em Paris (Comédie des Champs-Elysées).
        Liubov Iarovaia; papel de Mme. Gornostaeva. 30 de setembro: morte
        de Azarin-Messerer (enfarte). Criação do Teatro Ermolova, prove-
        niente da fusão do Estúdio Ermolova e do Estúdio Khméliov. (7 de
        novembro) Teatro Ermolova. Comemoração do vigésimo aniver-
        sário da Revolução Bolchevista: *Tempestade* (Bill-Bielotserkovski),
        encenação de Maria Knöbel e de I. Platonov.

1938   O Estúdio Ermolova é dizimado. Prisão de vários atores. Teatro
        Artístico, *A Desgraça de Ter Espírito* (Griboiedov); papel do Pequeno
        Caçador (Arapka). Em 8 de agosto, morte de Stanislávski. Maria
        Knöbel dá à luz uma criança natimorta.

1939   Pavel Urbanovitch, seu marido, desaparece.

1940   Em 8 de fevereiro, no Teatro Ermolova: *Como Gostais* (Shakespeare),
        encenação de Khméliov e de Maria Knöbel. Em junho, detenção
        de Nikolai. Divórcio forçado de Pavel Urbanovitch.

1941   Em 21 de junho, inicia-se a invasão alemã.

1942   Em 22 de janeiro, no Teatro Artístico (transferido para Saratov),
        O Carrilhão do Kremlin (Nikolai Pogodin). Maria Knöbel realiza a
        mise-en-scène de Nemiróvitch e de Leonidov e interpreta o papel
        de uma velha trazendo uma criança em seus braços. Enterro em
        Saratov de Sophia Markovna Brenner, mãe de Maria Knöbel.

1943   Em 25 de abril, morte de Nemiróvitch. Exéquias solenes. Em junho,
        no Teatro Artístico de Moscou: *Os Russos* (Constantin Simonov),

encenação de Stanitsin e de Maria Knöbel. Em setembro, abertura da Escola-Estúdio do Teatro Artístico, criada por Nemiróvitch. Maria Knöbel ensina ali durante um ano (1943-1944).

1944   Teatro Dramático Russo de Iakutsk, Pavel Urbanovitch é nomeado encenador principal e depois diretor artístico: *O Duelo* (Os Irmãos Tour), *Inocentes Culpados* (Ostróvski), *O Copo d'Água* (Scribe), *O Velho* (Górki).

1945   Em 1º de novembro, no Teatro Artístico, ensaio geral da peça de Alexei Tolstói, *Os Tempos Difíceis*. Khméliov, intérprete de Ivã, o Terrível, morre de enfarte, a data de estreia é adiada. Clube dos Ferroviários, Maria Knöbel é nomeada diretora artística.

1946   Em junho, no Teatro Artístico, criação de *Tempos Difíceis* (Alexei N. Tolstói), encenação de Alexei Popov e Maria Knöbel; Ivã, o Terrível é interpretado por Bolduman. Knöbel se instala na rua Vadkovski. Acidente mortal de Nikolai Knöbel na zona de ocupação soviética na Alemanha. Em agosto, no Teatro do Exército Soviético, *O Primeiro Trovão* (Marta Aliger), encenação de Alexei Popov e de Maria Knöbel.

1948   GITIS (Conservatório): Maria Knöbel é nomeada assistente de Alexei Popov no Curso de Arte Dramática. No Teatro Artístico: *Nosso Pão de Cada Dia* (Nikolai Virta), encenação de Sudákov e de Maria Knöbel. Locação de uma *datcha* nos arredores de Moscou.

1949   Em setembro, Maria Knöbel é despedida do Teatro Artístico (campanha contra o cosmopolitismo).

1950   Teatro Musical Stanislávski-Nemírovitch-Dântchenko, *Frol Skobéev* (ópera de Tikhon Krennikov). Encenação de Alexei Popov e de Maria Knöbel. Espetáculo proibido. Clube dos Ferroviários, Knöbel encena *Zelionaia Doroga* (Bons Ventos!, de Anatoli Surov). GITIS (Conservatório), Maria Knobel é nomeada mestre de conferências. Ministra os cursos de Arte Dramática e de Encenação. Teatro Central Para a Juventude, Maria Knöbel é nomeada para a função de encenador titular. Deixa a Casa da Cultura do Sindicato dos Ferroviários.

1951   Teatro Central Para a Juventude: *A Desgraça de Ter Espírito* (Griboiedov), encenação de Maria Knöbel.

1952   Teatro Central Para a Juventude, *Almas Mortas* (Gógol, adaptação de Mikhail Bulgakov), encenação de Maria Knöbel e de Anna

Nekrassova. No Teatro Central Para a Juventude: *Uma Página de Minha Vida* (Victor Rozov), encenação de Maria Knöbel e *O Cavalo Corcunda* (P. Ercho), encenação de Knöbel e Anna Nekrassova.

1953   Em 5 de março, morte de Stálin.

1954   Em fevereiro, no Teatro Púschkin, *Ivanov* (de Anton Tchékhov), encenação de Maria Knöbel. Publicação de sua tese de "candidato em Ciências" [título acadêmico russo equivalente ao doutorado]: *Slovo v Tvortschestve Aktera* (A Palavra no Ator). No Teatro Central Para a Juventude, *O Burguês Fidalgo* (Molière), encenação de Maria Knöbel.

1955   Em novembro, no Teatro Central Para a Juventude, *Nós Partimos Todos os Três Para Arrotear as Terras Virgens* (Nikolai Pogodin), encenação de Maria Knöbel e de Anatoli Efros. Morte acidental de Pavel Urbanovitch.

1956   Em fevereiro, no Teatro Artístico, *O Carrilhão do Kremlin* (2ª versão); encenadora convidada, Maria Knöbel, assistentes: Iosif Raevski e Vladímir Markov. Teatro Central Para a Juventude, Maria Knöbel é nomeada para a função de diretora artística. Em setembro, no Teatro Central Para a Juventude, *Oliver Twist* (adaptação de Almir, a partir do original de Dickens), encenação de Maria Knöbel e de Anna Nekrassova.

1957   Em maio, no Teatro Artístico, *A Estrela que Não Tem Nome* (Mikhail Sebastian); encenadora convidada, Maria Knöbel, Assistente Vladímir Markov.

1958   Conferem-lhe a distinção de Artista do Povo, da Federação Russa. Teatro Central Para a Juventude, *A Flor Mágica* (Jen de Iao), encenação de Maria Knöbel.

1959   Publicação da obra *O Deistvennom Analize Piesy i Roli* (A Análise Dinâmica da Peça e do Papel). Teatro Central Para a Juventude, *A Rua Whitman* (M. Wood), encenação de Maria Knöbel.

1960   Teatro Central Para a Juventude, *A Família* [de Lênin] (Ivan Popov), encenação de Maria Knöbel. Seu contrato é encerrado. Nomeada professora no GITIS (Conservatório). Alexei Popov é nomeado diretor do Departamento de Encenação do Conservatório.

1961   Morte de Alexei Popov. *A Análise Dinâmica da Peça e do Papel* (2. ed.).

174

1962   Em março, no Teatro Ermolova, *O Visitante Noturno* (de Ludvik Askenazi), encenação de Maria Knöbel.

1963   Animadora do Ateliê dos Encenadores dos teatros para a juventude (função que ocupa até a sua morte).

1964   *A Palavra no Ator* (2. ed.). Fried, seu segundo marido, morre em acidente no automóvel de Naum Grigorievitch.

1965   Teatro do Exército Soviético, *O Jardim das Cerejeiras* (Anton Tchékhov), encenação de Maria Knöbel e Iuri Sergueev.

1966   Publicação de sua tese de doutorado: *Vsiá Jizn'* (Toda Minha Vida). Volta para uma temporada ao Teatro Central Para a Juventude.

1967   Em março, no Teatro Central Para a Juventude, *Noite da Turma* (Victor Rozov), encenação de Maria Knöbel e de Natália Zvéreva. Publicação de *Nemiróvitch-Dântchenko e Sua Escola de Encenação*. Condecorada com a Ordem da Bandeira Vermelha.

1968   Teatro do Exército Soviético, *O Leão Amoroso* (Schelagn Delaney), encenação de Maria Knöbel e de Muat. Em outubro, no Abbey Theater em Dublin, *O Jardim das Cerejeiras* (em inglês), encenação de Maria Knöbel, com atores irlandeses, entre os quais Siobhán McKenna.

1969   Teatro Maiakóvski, *Artistas e Mecenas* (Aleksandr Ostróvski), encenação de Maria Knöbel e de Natália Zvéreva.

1970   Maria Knöbel é nomeada membro do Conselho Artístico do Conservatório (GITIS).

1971   Em dezembro, no Teatro Maiakóvski, *O Sonho do Tio* (de Dostoiévski), encenação de Maria Knöbel e de Natália Zvéreva. Publicação de *O Tom, Chto Mne Kazhetsia Osobenno Vázhnym* (O Que Eu Considero de Verdadeiramente Importante).

1972   Teatro do Exército Soviético, *Aquele Que Recebe uma Bofetada* (Leonid Andreev), encenação de Maria Knöbel e de Aleksandr Burdonski.

1973   Teatro Artístico, *O Carrilhão do Kremlin* (Nikolai Pogodin; 3ª versão), encenação de Maria Knöbel e de Vladimir Markov.

1975   Admitida como membro da União dos Escritores Soviéticos.

1976   Teatro Stanislávski (diretor André Popov), *As Sombras* (Saltikov-Schédrin), encenação de Maria Knöbel e de Natália Zvéreva. Publicação de *A Pedagogia É Poesia*. Prêmio de Estado da URSS.

OS TRABALHOS E OS DIAS DE MARIA KNEBEL (1898-1985)

1979	Fratura no colo do fêmur. Reprise de *O Jardim das Cerejeiras* no Teatro do Exército Soviético.

1979   Fratura no colo do fêmur. Reprise de *O Jardim das Cerejeiras* no Teatro do Exército Soviético.

1980   Morte de sua irmã Elena, aos 83 anos. Instala-se provisoriamente em casa de seu sobrinho Nikolai. Obtém a aposição de uma placa comemorativa consagrada ao editor Joseph Knöbel, na Passagem Petrovka.

1982   A Análise Dinâmica do Papel e da Peça (3ª edição).

1983   Hospitalização. Trabalha na redação da coletânea comemorativa consagrada à memória de Mikhail Tchékhov (artigos, correspondência, textos teóricos) em colaboração com Natália Krimova, historiadora e crítica de teatro, esposa de Anatoli Efros.

1985   1º de junho, morte de Maria Knöbel em Moscou. Exéquias religiosas. Enterro no cemitério Vvedenski em Moscou. No outono, publicação de *A Herança Literária de Mikhail Tchékhov*, em dois volumes, com o prefácio (póstumo) de Knöbel.

Este livro foi impresso na cidade de Cotia,
nas oficinas da Meta Brasil,
para a Editora Perspectiva.